「世界の神話」ミステリー

博学面白倶楽部

三笠書房

はじめに　ファンタジー世界の裏側で――

世界の成り立ちを語る神話は、洋の東西を問わず世界中に伝わっている。

ゼウスなど、いまなお著名なスターが登場するギリシア神話や、現代になってＲＰＧの常連オーディンやコミックでおなじみのユミルが登場する北欧神話、アーサー王が活躍するケルト神話など、私たちにもなじみが深い。

これらは、文字も書物もない時代から、絵画や彫刻など、さまざまな形で後世へと伝わってきた。

神々が登場して超自然的な力を振るい、呪（のろ）いや魔法が人の営（いとな）みに介在するなど、一見荒唐無稽（こうとうむけい）に思える話がなぜ、数千年の時を超えて語り継がれてきたのか……。

それは**神話のなかに、親から子へ、祖先から子孫へ、国の主から民たちへ、伝える「必然」があった**からだ。

その「必然」とは何か。

自らの存在を誇示するため、生い立ちを正統化するため、生き抜く上での戒めなど、さまざまな理由が見て取れる。

そこには、人間社会そのものの権力闘争や、相続争い、色恋沙汰……嫉妬や怨念が渦巻くドロドロとした世界も広がっているのだ。

たとえば、エジプトの「太陽神ラー」は、すべてを支配する全能の神であるが、やがて老いさらばえてゆき、老醜をさらす神話が伝えられている。古代エジプトにおいて絶対的な信仰を集めた神が、なぜ、老いた後の姿まで描かれなければならなかったのか。

また、同じエジプト神話に登場する神々の姿を見ると、その多くが動物の頭を持っている。神なのに、なぜその姿が人間と動物の合体なのだろうか？

ギリシア神話に目を向ければ、最高神ゼウスは多くの浮名を流し、多くの女性との間に子をなしている。神の中でも特別な存在であるゼウスが、なぜこうも好色なのだろうか？

このように世界の神話を眺めると、次々に疑問が湧（わ）いてくる。

そうした世界の神話にまつわるさまざまなナゾ、神々の来歴にまつわる不思議、神話誕生の背景など、**人類が初めて手にしたともいえる「ミステリー」に迫っていく**のが本書である。

神々や英雄たちが縦横無尽（じゅうおうむじん）に活躍する「神話」とはひと味違う、**「リアルな神話」**の世界に飛び込んでいただこう。

博学面白倶楽部

本書で紹介する世界の神話

北欧神話

世界の誕生から滅亡へと至る物語。**北欧**のヴァイキング社会で語り継がれてきた神話群。

→71ページ

オリエント神話

メソポタミアでの世界初の神話をベースに、オリエント世界の民族が多様化させた神話群。

→129ページ

エジプト神話

死後の世界に強い興味を持ち、独自の死生観で**エジプト**に数々の遺産を残す元となった神話。

→149ページ

ギリシア神話

古代ギリシアで語られた世界の創世や神々・英雄の物語。

→15ページ

インド神話

長い時間をかけ、インド三大神のもとヒンドゥー教の神話の成立へと至った、**古代インド**土着の物語。

→167ページ

ケルト神話

ケルト人の祖先となるミレシアの**アイルランド**への来寇から、アーサー王伝説へと至る、魔法使いや英雄・騎士団が登場する物語群。

→101ページ

マヤ・アステカ神話

中央アメリカに生まれたマヤ文明とアステカ帝国で語られた、創造と破壊を繰り返す神話群。

→189ページ

インカ神話

南米アンデスに発祥したインカ帝国において語られ、ヴィラコチャ神による創世神話を中心とする神話。

→189ページ

目次

第1章 なぜ ギリシア神話のミステリー

第2章

なぜ

北欧神話のミステリー

第3章 なぜ　ケルト神話のミステリー

第4章 オリエント神話のミステリー

なぜ

第5章 エジプト神話のミステリー

第6章 インド神話のミステリー

なぜ

第7章 マヤ・アステカ・インカ神話のミステリー

本文イラスト 3rdeye
本文図版 有限会社美創（伊藤知広）
写真提供 Adobe Stock

第1章
ギリシア神話のミステリー

ゼウス像

押さえておきたい！

ギリシア神話あらすじ

オリュンポスの神々と英雄たちが織りなす物語

ギリシア神話は古代のギリシア諸民族の文明から生まれた神話体系である。彼らの伝承や神話をもとに、さまざまな要素が加わり、世界の始まりから神々や英雄たちが躍動する物語として伝えられた。今、われわれが知ることができる内容は、紀元前8から前9世紀頃の詩人ホメロスの『イリアス』と『オデュッセイア』、前9世紀頃のヘシオドスの『神統記（しんとうき）』『労働と日々』を中心に複数の史料を総合したものである。現代に至るまで、西洋の文化や芸術に大きな影響を与えてきたギリシア神話の内容は、「創世神話」「神々の物語」「英雄たちの物語」の3つに大別される。

世界の支配権をめぐる創世神話

まず、「創世神話」は天地創造の物語である。この世界は混沌として何もないカオスから大地が生まれることで始まった。これが大地母神ガイアで、ガイアは海や山々、天空の神ウラノスを生むと、そのウラノスと交わって男女6神ずつのティタン神族を生む。このうち末子のクロノスが父ウラノスを倒し、世界の支配権を握るが、将来、自身の子供に支配権を奪われることを恐れて、子供たちを次々に飲み込んでしまう。だが、末子のゼウスだけが母の機転で父の手を逃れて成長し、やがて兄姉を救い出した。これがポセイドン、ヘラ、ヘスティアといった神々で、彼らはオリュンポス山に住んだためオリュンポスの神々と呼ばれた。

やがてゼウス率いるオリュンポスの神々は、父クロノスの率いるティタン神族と決戦となり、ティタノマキアと呼ばれる大戦争の末、ティタン神族に勝利。世界の支配権を手に入れたゼウスが神々の頂点に君臨した。

オリュンポス神を中心にした神々の物語

次の「神々の物語」はこのオリュンポスの神々とその子孫たちの物語である。オリュンポスの神々とは一般に、全知全能のゼウス、海洋の神ポセイドン、ゼウスの妻で結婚と出産の女神ヘラ、豊穣(ほうじょう)の女神デメテル、炉(ろ)の女神ヘスティア、愛と美の女神アプロディテ、戦いと知恵の女神アテナ、音楽と文芸の神アポロン、貞潔(ていけつ)の女神アルテミス、戦いと破壊の神アレス、鍛冶の神ヘパイストス、伝令の神ヘルメスの12神とされ、ヘスティアの代わりに酒の神ディオニュソスが加わることもある。なお、アテナから以降はゼウスの子である。彼らが恋や嫉妬、ケンカなどを繰り広げ、人間くさい愛憎入り乱れた物語が続き、とくにゼウスは女神や人間の女性を相手に次々と浮気を繰り返して多くの子孫を残し、その子らがやがて英雄や王として活躍する。

なお、ギリシア神話において人間は、ティタン神族のプロメテウスが、水と木から作り出したとされる。プロメテウスはゼウスを欺いて火を人間に与えたことから罰せられたため、ゼウスは人間にも罰を与えることにする。粘土から美しい女性（人類初の女性）パンドラを作り、地上に送り出すと、彼女は開けてはいけない壺を開け、病気、貧困、犯罪、憎悪などあらゆる災いを世界にバラ撒いた。

のちに、人類は堕落に激怒した神の手による大洪水で滅亡するが、1組残った夫婦から「英雄たちの物語」が始まる。

半神半人の英雄たちの物語

「英雄たちの物語」は半神半人のヘラクレスやペルセウスなどが神々の援助を受けな

がらも困難を切り開いていく場面が描かれている。

　とくに、ゼウスの子として生まれたヘラクレスは、ゼウスの妻ヘラにさんざん嫌がらせをされ、12の難業に挑むことになるが、持ち前の怪力と知恵でそれを成し遂げ、以降も各地を巡って悪人や怪物退治に挑んで英雄として名を残している。

　やがてゼウスが、人口を減らすために争いを引き起こそうと考えたことから「トロイア戦争」が始まった。アプロディテを最も美しい女神として選出したトロイアの王子パリスが、その褒美として最も美しい女性ヘレネを手に入れると、アガメムノン率いるギリシア軍がヘレネ奪還のためにトロイアへと向かってきたのである。

　神々もギリシアとトロイアの両陣営に分かれて戦いに関与、世界を巻き込む大戦争となっていく。戦いは長期戦となり、英雄のアキレウスやヘクトールなども命を落とした。

　最後はトロイア軍が、ギリシア軍が作った巨大木馬を戦利品として城内に入れたところ、深夜に木馬の中からギリシア兵が次々と現われ、トロイアを陥落させた「トロイの木馬」のエピソードで決着がつく。また、トロイアの将軍のひとりアイネイアスがイタリアに逃れ、血統がローマに伝わり、ギリシアとローマの神話が結びついた。

1

なぜ、最高神ゼウスは「最低の女たらし」に描かれたのか

ギリシア神話の主神にして最強の**最高神ゼウス**は、ギリシアの最高峰オリュンポスの山頂に住み、万物を統べる全知全能の神として君臨した。そのゼウスはなぜかギリシア神話きってのプレイボーイとしても描かれている。

神と人間の保護者、支配神でもあり、地上においても人間社会の家族や法などあらゆる秩序を司る存在でもあったゼウスは、思慮の女神メティス、掟の女神テミス、結婚の女神ヘラと結婚を3回繰り返し、浮気すること数知れず。美しい女性とみると神、人間にかかわらず片っ端から追いまわしては関係を結ぶという異常な好色ぶりを見せる。

おまけに、その求愛の方法も強引で狡猾だ。

たとえば、テュロス人の王女エウロペにひと目惚れしたゼウスは、彼女に拒否され

ると、白い牡牛（おうし）に変身して彼女に近づき、彼女がその牛に乗るやいなや海上へ泳ぎ出し、そのままクレタ島までさらって愛人にしている。

娘のアルテミスの従者（じゅうしゃ）で純潔を誓っていた警戒心の強いカリストに対しては、アルテミスに化けて接近し、無理やり関係を結んだり、アルゴスの王女ダナエに恋したときには、ダナエが閉じ込められた部屋に黄金の雨となって降り注ぎ、わずかな隙間（すきま）から入り込んで思いを遂げている。

また、恋愛の対象は性別も問わず、美少年ガニュメデスを見初（みそ）めた時には鷲（わし）に変身して彼をさらっている。まさに、惚れた相手はどんな策略を駆使してでも手に入れるという身勝手さである。

こうしたゼウスの浮気を知った正妻（せいさい）ヘラが嫉妬に怒り狂い、夫の愛人や生まれた子に復讐（ふくしゅう）するという壮大な夫婦ゲンカは、ギリシア神話ではおなじみのテーマでもある。

ゼウスの「好色」はその後の人間たちの都合だった!?

まさに女性の敵ともいえるゼウスの好色ぶりだが、なぜゼウスはここまで「最低の女たらし」となったのだろうか。

じつは、ゼウスも好きこのんで次々と女性と関係をもったわけではなく、最高神で人気者だったがゆえの宿命であったようだ。

古代ギリシア各都市の王侯貴族らは、自分の系譜に箔（はく）をつけるため、競うようにして「自分は最高神ゼウスの子孫だ」とアピールするようになった。

そのためには説得力が必要となる。そこで、自分の祖先にあたる女性がいかにしてゼウスと結ばれ、子供を産んだのかという浮気エピソードをこぞって作り、系譜とゼウスをつなげていったのである。

実際、ギリシア神話では戦いと知恵の女神アテナのほか、アポロンとアルテミス、ディオニュソス、さらにはクレタ王やエジプト王、ギリシア最大の英雄ヘラクレス、ゴルゴン退治の英雄ペルセウスなど、有名な神や人間の王、英雄などの多くがゼウスの子として生まれている。

つまり、ゼウスの「浮気者」という一面は、**ゼウスの子孫という血統を求めた人間側のエゴ**が生み出したものだったのである。

こんなにいるゼウスと契った女性とその子

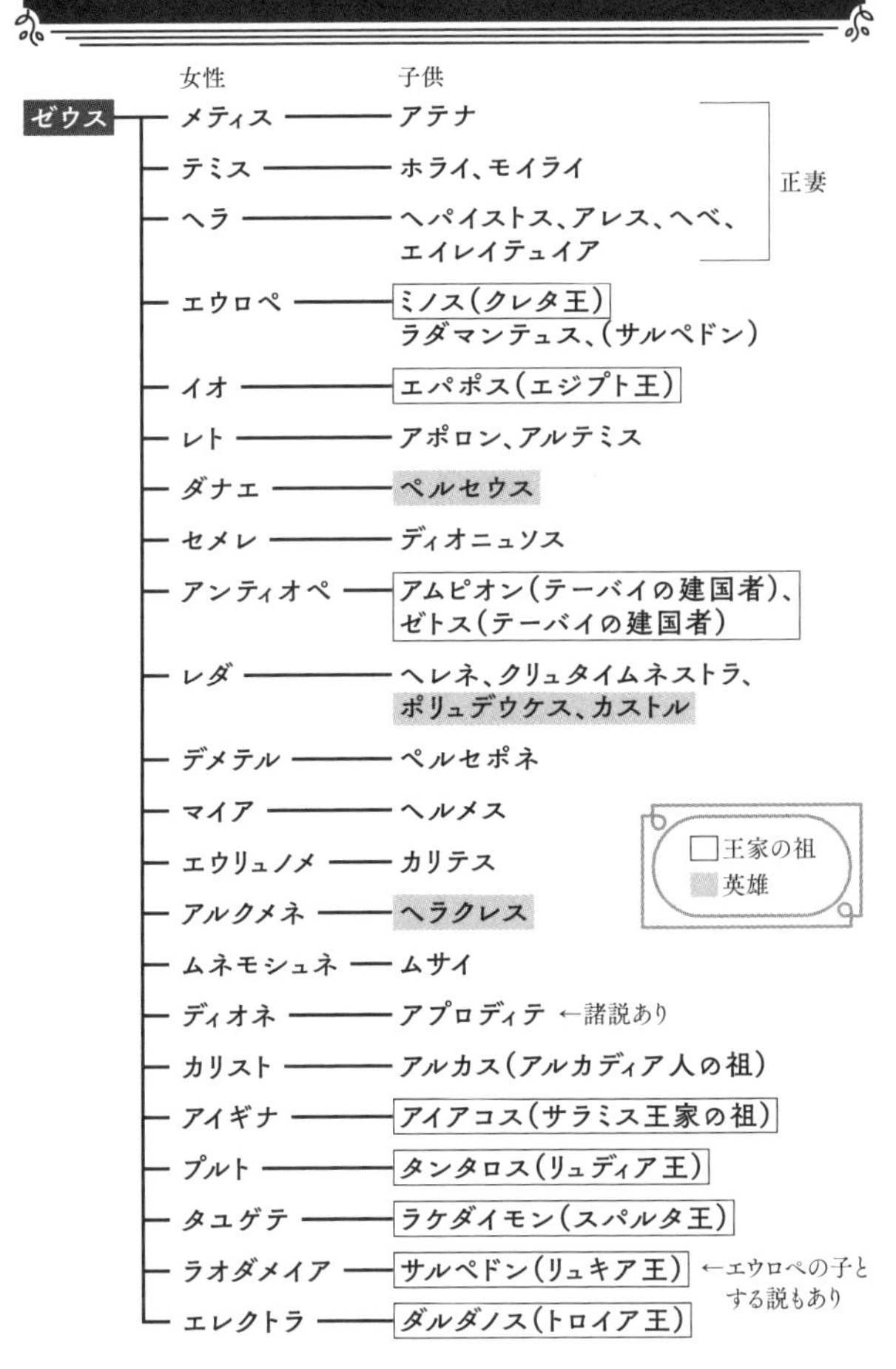

2

なぜ、海神ポセイドンなのに、陸上の馬との話が多いのか

『ポセイドン・アドベンチャー』という有名な映画になった小説がある。転覆した豪華客船から乗客たちが脱出するさまを描いた作品だが、その架空の船の名「ポセイドン」は、ギリシア神話に登場する海神のことだ。

海と水域を支配した**海神ポセイドン**はゼウスの兄で、海の底の宮殿に住んでおり、三叉の鉾で海陸を持ち上げ、波を操り、泉を湧き出させるなどの力を持っている。地震も彼の権能に基づき引き起こされるものらしい。海神の娘であるアンピトリテを妻としながら、ゼウス同様、多くの愛人との間に子をもうけた。

その性格は自然の脅威を象徴する神であるためか粗暴で荒々しく、女神アテナとのアテナイの領有権をめぐる争いで敗れた際には、激怒し、洪水でエレウシースの野を壊滅させた逸話を持つ。

ホントは〝大地を支配〟していた⁉

このように、海の神としての印象が強いポセイドンだが、海を駆けまわる乗り物は4頭立ての馬車で、愛人メドゥサとの間に天馬ペガサスをもうけるなど、なぜか地上の生き物である馬との関係性が深い。海神と馬……。奇妙な取り合わせに思えるが、そこにはポセイドンの意外な一面が隠されていた。

じつは、ポセイドンは生粋の海の神ではなく、かつてアカイア人によって栄えたミケーネ文明の時代には、**大地を支配する最高神、かつ馬の神**として崇拝されていたようなのである。

ところが、前11世紀頃に北方から南下してきたドーリア人がアカイア人のギリシアを征服すると、土着のポセイドンは新しく入ってきたゼウスに最高神としての地位を奪われ、海へと追いやられてしまったのだ。

とはいえ、ミケーネ時代の性格も、馬とのかかわりや大地を操る能力などの形で断片的に残されることとなった。ほかにも航海の安全を願い、馬を海に捧げる（海に投げ込む）信仰があったとされる。

3

なぜ、「アポロンの神託（予言）」は絶対に外れないのか

古代ギリシアの人々は、個人の問題から国家の行く末まで、判断のつかないさまざまな運命を神からのお告げ、つまり「神託（しんたく）」に委ねていた。

そのため、各地に神託を授かる神託所が設けられていた。なかでも最も有名なのが、予言の神であるアポロンが神託を下すデルポイの地である。現在、世界遺産に登録される同地は、**アポロンの神託**を求めてギリシア中から人々が集まる聖地となっていた。

デルポイはパルナッソス山の南面にあり、世界の中心と考えられていた場所である。もともとは大地の女神ガイア、またはテミスの託宣所（たくせんじょ）で、1匹の大蛇がいたが、アポロンがこの蛇を倒してデルポイを占拠。神殿を建てて神託所としたのである。

気になるのは、アポロン神殿において下されたその神託の内容だろう。**世界全体の運命さえも左右するという神託**はどのようなものだったのだろうか。

まず、予言が行なわれたのは神殿のなかの小部屋である。そこには鼎（かなえ）（釜の形をし

た3本脚の椅子）が置かれていた。

そして、予言を人々に直接伝えるのはアポロンではなく、ピュティアと呼ばれる巫女であった。この巫女が鼎に座り、その下にある地面の裂け目から立ち上る煙を吸うと、アポロンの霊が憑依したかのように神がかりの状態になり、その神託を伝えたという。

〝晴れる空から一粒の雨〟？

面白いのはこの神託の内容である。

その内容はじつにあいまいで、抽象的なものだった。質問に対してイエスかノーではなく、一種の禅問答のように、解釈によりさまざまな答えが導き出されることとなった。

たとえば、ある隊長が「この遠征はうまくいくか」と聞けば、「晴れる空から一粒の雨を感じたならほしい地を手にできるだろう」という神託が下った。

隊長は、晴れている空から雨が落ちるわけがないと考え、遠征は失敗かと気落ちする。その落胆ぶりを見た妻の瞳から涙が一粒流れ落ちた。この妻の名は晴れた空を意味する「アイトラ」。予言の意を悟った隊長はその後の遠征で、成功を収めたという。

また、ある時はリュディア王が「ペルシア帝国と戦争して勝てますか?」と聞けば、「兵を動かせば偉大な国を滅ぼす」と神託が下った。

王は勝てると解釈してペルシアに戦いを挑んだが、逆に自分たちが滅ぼされてしまう。神託が示した「偉大な国」とはペルシア帝国ではなく、リュディアであったのだ。

まさに質問者の理解力と洞察力が試される神託のため、**解釈とその行動の結果については質問者の責任**とされた。

つまり、予言通りにならなかったとしても、それは解釈の間違いであり、アポロンの予言が外れたのではないとみなされたのである。

こうして多くの人の崇敬(すうけい)を集めたアポロンの予言だったが、キリスト教が広がると衰退していく。

紀元361年、ローマ皇帝ユリアヌスが「あなたの崇拝を復活させたい」とアポロンに神託を乞(こ)うが、神は「わが言葉は枯れたるなり」と最後の神託を下して二度と予言することはなかったと伝えられる。

4 なぜ、医神アスクレピオスは奇跡の治療ができたのか

医療の神として崇拝された**アスクレピオス**。その腕前は、死者をも生き返らせるほどで、死ぬ人間が減ってしまったために冥界（めいかい）の神ハデスの怒りを買い、殺されるという最期を迎えている。

アスクレピオスの聖地で、古代ギリシア世界最大の医療センターが開かれていたと考えられているエピダウロスには、今でも神殿のほか、運動施設、劇場、宿泊施設群などの遺構が残される。

アスクレピオスが医療を施（ほどこ）していたとされるアバドン（至聖所（しせいじょ））には、クリーニと呼ばれる寝椅子のようなベッドが並んでいる。今とは違い医薬や療法がほとんどない当時、ここで、今では考えられない驚くべき治療が行なわれていた。

患者は神に捧げものをしたのち、アバドンのクリーニに横たわり、集団で睡眠状態

に入る。すると、夢のなかにアスクレピオスが現われ、患部を治療してくれるか、病気を治す方法を教えたという。

つまり、**夢治療**が行なわれており、夢のなかでアスクレピオスが患者の治療を行なったのである。

∞ まるで医療のテーマパーク

現代では信じられないような奇跡の治療だが、その治療の碑文が数多く残されている。

ペニスに石ができた男（尿結石か？）は、美しい少年と寝て射精をしたところ石を排出し、その石を持って歩き去るという夢を見ている。

また、足の指の傷が悪化した男は、夢のなかで蛇（アスクレピオスの化身）が出てきて指をその蛇が舌でなめて治したなど、夢治療の成功例は枚挙にいとまがない。

エピダウロスでは体の一部を象った模型が多く出土しているが、実はこれは患部を示すもので、病気が治った患者が神殿に奉納したものであったと考えられている。碑

〝医療のテーマパーク〞エピダウロスで行なわれた治療とは？

文やこうした模型からも、アスクレピオスの夢治療が高い効果を上げていたことが見て取れる。

また、エピダウロスで行なわれたのは夢治療だけではなかった。

当時のギリシアでは、運動や入浴、観劇、音楽鑑賞などにも、病気を癒す浄化作用があると考えられていた。

ここでは、これらのヒーリング療法も併せて行なっていたという。巨大な劇場もそのための施設だったのだ。

施設全体が免疫を高める医療のテーマパークとして機能していたのである。

5 なぜ、鬼嫁ヘラは嫉妬深いのか

ギリシア神話の最高神ゼウスの姉にして正妻、結婚の女神として知られるのがヘラである。

ゼウスが美しい女性に手を出すと、ヘラが激しく嫉妬して壮大な夫婦ゲンカを巻き起こすというのがギリシア神話お決まりのパターンのひとつだ。

怒りは夫よりもその愛人に向けられ、復讐は凄まじく激しい。

女神レトがゼウスの子を身籠ったと知ったヘラは、出産する場所を提供した大地は地上から消すと宣言。そのため、レトは行き場を失い、放浪する羽目となった（最終的には、デロス島でアポロンとアルテミスを産んだとされる）。

リビアの王女ラミアは下半身が醜い蛇の化け物へと変えられ、巫女のイオは虻に追い回されてヨーロッパからアジア、エジプトと逃げ回り、テーバイの王女セメレに至ってはヘラの策略によりゼウスの雷を受けて命を落としている。こうなるとゼウスと恋をするのも命がけである。

∞∞ 主神なのに実は「入り婿」？

夫の不義に対する怒りは確かに妻として当然のことだが、**ヘラの嫉妬の激しさは時に常軌(じょうき)を逸(いっ)している**。なぜこれほどまでに激しい怒りを見せるのだろうか。

裏を返せば、この嫉妬の強さはヘラが最高神ゼウスと対等に渡り合える女神ということでもある。

ヘラの力が強い理由は、ミュケナイ時代のヘラがギリシアの先住民族が崇(あが)めた主神、結婚の女神で、信仰が根強かったことに由来するという。

この地に入植したギリシア人たちは、ゼウスを主神とする新しい体系のギリシア神話を作りあげた際に、ヘラを無視できず、神話の中に組み入れた。この時、ヘラは根強い信仰的基盤を背景に、ゼウスと対等な正妻の地位を手に入れたのである。神話の中でもヘラは正妻となることを条件にゼウスと結婚している。

オリュンピアやアルゴスにある古代ギリシアの古い神殿の2人の像では、ヘラが玉座(ぎょくざ)に座ってゼウスはその脇に侍(はべ)り、あるいはカッコウの姿になって従うなど、ヘラのほうが力を持つ神だったのである。

征服者の神であるゼウスは、**いわば入り婿であり、ヘラを妻にすることにより、同地で認められた**のだ。そのためゼウスにとってもヘラの権威が必要で、どんなにケンカしても別れようとはせず、怒るヘラに対しては策略と甘い言葉で何とか和解にこぎつけている。

ゼウスは浮気を繰り返すものの、ヘラには頭が上がらない恐妻家である。一方で、ヘラのほうも怒りを爆発させて、愛人を懲らしめることで正妻の権利を主張したのである。

また、ヘラの嫉妬は、ヘラが結婚や出産などを含めた女性の守護神であることにも由来するという。ローマ神話におけるヘラはユーノーと呼ばれ、6月を示す英語「June」の語源でもある。

ヘラは、一夫一婦制を含めた社会秩序を守る存在でもあった。そのため、夫の浮気は見過ごさずにしっかりとがめる必要があったというわけである。

6

なぜ、美青年オルペウスは女たちに虐殺されたのか

人類最初の詩人にして**竪琴の名手として知られていた美青年オルペウス**。美しい妻エウリュディケと仲睦まじく暮らしていたが、その最愛の妻が毒蛇に噛まれて死んでしまったことがきっかけで人生が暗転する。

どうしても妻を諦めきれないオルペウスは、妻を連れ戻そうと死者のいる冥界へと降った。

そこでアポロンから贈られたともいわれる竪琴を奏でると、その美しい音色で冥界の者たちをことごとく魅了し、冥界に感動の渦を巻き起こす。冥界の王ハデスも心を揺さぶられて、ついにオルペウスの妻を返すことを了承する。

しかしオルペウスは、「太陽を見るまで後ろを振り返ってはならない」というハデスが出した条件に背き、途中で振り返ってしまったため、妻の奪還に失敗したのである。

女たちの恨みは恐い

失意のうちに地上に戻ったオルペウス。だが、悲劇はこれだけでは終わらず、さらに悲惨な運命が待ち受けていた。女たちに襲われて手足を引きちぎられ、川に投げ捨てられてしまったのである。

何ともむごい最期だが、彼はなぜ女たちからここまで無残な仕打ちを受けねばならなかったのか？

それは、女たちの恨みを買ったからだといわれている。

オルペウスは地上をさまよった末に女嫌いとなり、女たちの誘いに目もくれなかった。そんな時、彼はディオニュソス神の信女たちが狂乱の秘儀を繰り広げる場に遭遇。儀式に取り囲まれ、その信女たちに襲われたのだ。

妻のことだけを思い続け、ほかの女たちを全く相手にしなかったため、女たちの怒りを買ったのだという。妻の奪還に失敗し、ほかの女に復讐されるとは、一途すぎた男の悲劇である。

ただしこのオルペウスの死、単に愛憎ではなく、ある秘儀がかかわっていたという興味深い説もある。

冥界から戻ったオルペウスは、冥界を自由に行き来する死と再生に関わるオルペウス教を広め始めた。

しかし、冥界の秘儀を男性にだけ教えて女性には教えなかったというのだ。これに怒った女たちがオルペウスと彼の神事を襲ったともいわれている。

または、秘儀が外に漏れるのを恐れたゼウスが、雷で焼き殺してしまったという伝説もある。

はたして、これらの説が正しいかどうかは定かでないが、実際に彼の頭と竪琴が流れ着いたレスボス島で、死と再生を中心とするオルペウス教が創始されている。この神秘的な宗教は、紀元前7世紀の詩人アルカイオスやサッポーなどの詩人や神秘家たちにもインスピレーションを与え、オルペウスは「密儀の創始者」とも呼ばれるようになった。

7 なぜ、怪物キマイラは「獅子で山羊で蛇」の姿になったのか

ギリシア神話には不思議な姿かたちをした怪物が多く登場する。「キメラ」の語源になった**キマイラ**もそのひとつである。最強の巨人テュポンと下半身が蛇のエキドナの間に生まれた神族だが、姿かたちは不気味で、**顔と前半身が獅子**（しし）**、後半身は山羊**（やぎ）**の姿で蛇の尻尾**（しっぽ）**を持ち、口から炎を吐き出す**という複数の生物が合体した魔獣（まじゅう）だった。

神話によれば、このキマイラはリュキア地方（現在のトルコ）の山岳地帯に棲（す）んで人間や家畜を襲って人々を困らせていた。そこで、英雄ベレロポンが退治に乗り出す。ベレロポンは、キマイラが口から火を吐（は）く瞬間、先端に鉛（なまり）の塊（かたまり）をつけた槍（やり）を口に押し込み、火で溶けた鉛によって内臓もろともキマイラを焼き尽くしたのである。

魔獣の正体は「聖獣」だった？

それにしてもなぜ、このような不気味な姿のモンスターが作られたのだろうか。そ

頭には獅子、背には山羊、尻尾には蛇の怪物キマイラ——これで聖獣？

もそもその正体とは何だったのだろうか？

じつは、その正体は魔獣どころか**ヒッタイトの聖獣**で、自然を表わしたものだったといわれている。

キマイラそのものは噴火するリュキアの火山の象徴で、獅子や蛇などはその山に棲んでいた動物を示したものだったという。

または、同じ自然でも古代の人々の自然観を象徴していたのではないかともいわれる。獅子は春、山羊は夏、蛇は冬を示し、キマイラ自体が1年のサイクルを表現していたのだという。

見た目の恐ろしさから中世には悪魔とも恐れられたが、元は人々が畏敬の念を抱いた自然を体現する尊い生き物だったのかもしれない。

8 なぜ、神の子なのにアレスは父から「お前が一番嫌い」と言われるのか

ギリシアの神々の最高峰である「オリュンポス12神」の1柱である軍神**アレス**。本来ならば勇敢(ゆうかん)で正統派の神として崇拝されるべき存在だが、なぜかオリュンポスの神々きっての嫌われ者。主神ゼウスと正妻ヘラとの間に生まれたにもかかわらず、神々に疎(うと)まれ、父のゼウスからは「オリュンポスの神々の中でもお前が一番嫌い」と言われるほどである。

おまけに本職であるはずの実戦となるとめっぽう弱く、アロアダイと呼ばれる2人の巨人に挑んだ時もあっさり敗れ、青銅(せいどう)の壺のなかに13か月も捕らえられている。

また、トロイア戦争ではトロイアに味方するも、人間(ギリシア軍の英雄)に腹を刺されて喚(わめ)きながら逃亡した末、ゼウスに泣きつくという不名誉な姿をさらしている。

一方、同じ戦いの神であってもアレスの異母姉妹にあたる**アテナ**は勇気と知恵の神として崇められ、多くの都市で守護神とされるなど篤(あつ)く敬(うやま)われた。

なぜアレスだけがこんなひどい扱いを受ける羽目になったのだろうか。

それは、アレスが**戦いの負の側面を象徴する神**だったからだと思われる。戦いの栄誉や計略など理性的な面を担ったアテナに対し、アレスは殺戮や破壊を好む野蛮な性質で、戦争がもたらす惨禍を象徴した。こうした性格が神々、ひいてはギリシアの人々に忌み嫌われたのはやむを得ない。

「野蛮な神」が一転して大人気の神へ

アレスのこの性格は、彼が元はトラキア地方（現在のブルガリア）の神だったことに理由がある。かつてトラキアでは多くの部族に分かれて争いが続いており、入植したギリシア人は、トラキア人を好戦的で粗野な民族とみなした。彼らが信仰するアレスを自分たちの神話体系に取り込んだ際もその性質を受け継いで野蛮な神としたのだ。

このように、ギリシア神話ではさんざんな評判だったアレスだが、時と場所が変われば評価も変わるようで、古代ローマにおいては一転、軍神マルスと同一視され、大人気の神となる。マルスはローマを建国した初代の王ロムルスの父とされた。アレスは、マルスとしてゼウス（ユピテル）とともに崇拝されたのである。

9 なぜ、「スフィンクス」はギリシアとエジプトで形が違うのか

スフィンクスと聞けば、多くの人がエジプトのギザにある男性の頭とライオンの胴体を持つ姿を連想するだろう。だが、ギリシア神話に登場する「スピンクス」は獅子の胴体に鷲の翼をつけ、乳房を持つ女性の顔をした怪物である。

いったい、どちらがスフィンクスの本当の姿なのだろうか。

スフィンクスの起源はエジプトにある。古くは「シェセプ・アンク」（生きる像）と呼ばれ、太陽神の化身だったようだ。当初はさまざまな姿かたちがあったが、やがて男性の頭と王権の象徴である獅子の体という姿が定番となり、宮殿や王の墓を守る聖獣として崇められるようになった。

聖獣から魔性の女怪物へ

それがアッシリアに伝わると、翼と乳房などの女性的要素が加わり、紀元前10から

エジプト(左)とギリシア(右)。どちらのスフィンクスが本当の姿?

前8世紀にギリシアで、女性の怪物と化したといわれている。または、両者に直接関係はなく、姿かたちが似ていたためエジプトの像もスフィンクスと呼ばれたという説もある。

このように、スフィンクスは王権のシンボルの聖獣から、ギリシアでは「残忍で邪悪」という当時の女性原理の負のシンボルの怪物へと変貌を遂げた。

神話では双頭の犬オルトロスとエキドナの子で、オイディプスの物語に登場。堕落したテーバイの人々を懲らしめるため、ヘラによって遣わされ、通りかかる旅人に、「朝は4本足、昼は2本足、夕方は3本足で歩む者は?」と謎をかけては、人間という答えを出せない者を食らう魔性の怪物として描かれている。

10

なぜ、ヘルメスという「泥棒の神」がいるのか

ゼウスが「ずる賢い子が欲しい」と望んで生まれた末子の**ヘルメス**は、青年の姿をしたオリュンポス12神の1柱である。俊足(しゅんそく)を生かして**神々の伝令**をつとめる一方で、ずる賢く狡知(こうち)にたけたお調子者。とくに盗みを得意としたため、優雅(ゆうが)な怪盗紳士とも呼ばれた。

何しろ生まれてすぐにゆりかごを抜け出し、異母兄アポロンが所有する50頭の牛を証拠も残さずに盗み出した生粋の盗人(ぬすっと)である。

アポロンに犯行を見抜かれても、「生まれたばかりの私にできるわけがない」と平然と否定する度胸の持ち主で、あげくのはてには、アポロンに亀の甲羅(こうら)から作った楽器を譲ったお返しに、不思議な力を持つ杖(つえ)(ケリュケイオン)を手に入れている。やがてヘルメスは、**盗み出す以外に手に入れる方法がない物を盗むために、神々によって各地に遣わされ**、また死者を冥界へと送り届ける役目もつとめるなど、便利屋のよ

うな活躍をした。

こうした性格やさまざまな場を行き来することから商業、交通、楽器を司る神、さらに霊魂を冥界へ導く霊魂の導師とも呼ばれた。ゼウスをはじめとして、何度も神々を助ける役目を担い、とくに百の目を持つアルゴスを退治して、ゼウスの愛人イオを救ったことで知られている。

まっ平な石柱から飛び出すモノ

そんなさまざまな顔を持つヘルメス。何とも複雑怪奇な神に思えるが、そのルーツ

この奇妙な突起を持つ
ヘルマがやがてヘルメスへ

とは一体どんな神だったのだろうか？

じつはとても意外な姿だった。それは、頂部(ちょうぶ)に人間の頭部をあしらった**石柱のヘルマ**だという。しかもこのヘルマ、中央には膨らんだ生殖器がちょこんととりつけられており、ギリシア展などで展示されるとちょっとした注目の的となる。もちろん面白半分に生まれたデザインではなく、豊穣と多産を祈る古代のれっきとした「おまじない」である。

ヘルマはアッティケ州（アッティカ）やインブロスなどの島々で道端(みちばた)や畑の境などに立てられたという。

現代の視点で考えれば、柱像とはいえ、大事な部分をさらしているのは恥ずかしい限りだが、ヘルマは道端に立っていたことから、やがて**旅人の守護や道案内をする道祖神的**(どうそじんてき)な存在として崇められるようになった。

そのヘルマが神格化されたのがヘルメスとされており、ヘルメス神像として生殖器を持つ石像が建てられるようになった。ヘルマの性質を受け継ぎ、伝令や交通を司る神としての性格、豊穣神としての富と幸運から商業、盗み、雄弁(ゆうべん)などの能力も備えるようになったと考えられている。

11 なぜ、アルテミスは「処女神」でありながら大量の乳房をまとっているのか

最高神ゼウスとティタン神族のレトとの間に生まれた**アルテミス**は、**ゼウスに永遠の処女神であることを誓った「純潔の処女」**である。そして太陽神アポロンと双子で、オリュンポス12神の1柱でもあった。ローマ神話のディアナと同一視される月と狩人(かりゅうど)の神で、弓と矢を持ち、猟犬(りょうけん)を連れて野山を駆け巡る姿で描かれることが多い。

彼女の純潔に対する態度は徹底しており、純潔の誓いを破った従者でニンフ(妖精(ようせい))のカリストを追放している(姿をクマに変えたとも)。また、水浴びしている自分の裸を偶然に見た猟師(りょうし)アクタイオンに怒り、彼を鹿に変え、彼の連れていた猟犬に八つ裂(ざ)きにさせるなど、故意でなくても純潔を穢(けが)した者には容赦ない。

これが「純潔」のシンボル?

このような純潔の神だが、じつは全く純潔とは程遠いような姿をしたアルテミス像

がある。

それは、トルコのエフェソスに伝わるアルテミス像だ。この像はなんと、**胸元に鈴なりになった多くの乳房をつけている**のである。

純潔のアルテミスが、女性の性をアピールするかのような大量の乳房をつけているのは明らかにヘンではないか。なぜこのような正反対の姿が残されたのだろうか。そもそもどちらが本物なのだろうか？

じつはそこに真相が隠されていた。これはどちらがルーツというのではなく、名前こそどちらもアルテミスで同じだが、もともと別の神だったのである。

エフェソスのアルテミスは、小アジアを中心に信仰された大地母神。大地母神とは、あらゆる生命を育む大地のイメージを、生命を生み育む女性に重ねた、豊穣と慈愛（じあい）の女神のことだ。

エフェソスのアルテミスが多くの乳房を持っているのは母なる神、すなわち豊穣、多産のシンボルだったからである。体についているのは乳房ではなく、女神に捧げる牛の陰嚢（いんのう）、または卵という説もあるが、いずれにしろ大地母神らしい装飾であったのだ。

同じアルテミス像でもエフェソス版（左）は母性にあふれている!?

名前も当初はアルテミスと呼ばれていたわけではなかった。

それがなぜアルテミスとなったのかというと、エフェソスにギリシア人が入植してくると、彼らはこの地の大地母神のどこに共通点を見出したのか、勝手に自分たちのアルテミスと同一視したらしく、アルテミスと改名した。そのため、相反するアルテミスが誕生したのである。

ただし、面白いことにギリシアのアルテミスにもこの大地母神の特徴が垣間見える。

アルテミスは処女神であるにもかかわらず、弟のアポロンが生まれるのを助けたことから出産の神、さらに小さい子を守護する神ともなっているのだ。

12

なぜ、純潔すぎる女神ヘスティアは残酷すぎる罰を設けたのか

オリンピックの聖火にまつわる神が、オリュンポス12神でゼウスの長姉（ちょうし）**ヘスティア**である。もともとは竈（かまど）の神だが、ローマ時代に火の女神ウェスタと習合（しゅうごう）し、あらゆるものを浄化する存在とみなされ、家庭や国家の炉辺（ろへん）に飾られて篤い信仰を受けた。

オリンピック聖火の採火式で、彼女を祀（まつ）る巫女たちが登場し、太陽の光を集めて炎を採取するシーンを見たこともあるだろう。古代ギリシアのプリュタネイオンと呼ばれる公会堂にもヘスティアの祭壇が設けられ、聖なる炎（オリンピックの聖火）が燃やされるなど崇拝されていたことがわかる。

このように、物を浄化する火と竈を司る神であるヘスティアは何よりも穢れを忌み嫌った。そのためか、性に奔流（ほんりゅう）なギリシア神話の神々のなかにあって、アポロンやポセイドンから求婚されてもこれを断って純潔を誓った貞淑（ていしゅく）な神である。ところがこの純潔のおかげでひどい目にあったのが、ヘスティアに仕える巫女たちだった。

「生き埋めの刑」はここから始まった⁉

ヘスティアに仕える巫女たちは、**30年間性交を断つという誓いを要求され、それに背くと残酷な罰を科せられた**という。いったいどのようなものだったのか？

それは、生きたまま閉じ込めてじわじわ息の根を止める生き埋めの刑である。

生き埋めにもさまざまな手法があるが、ひと思いに殺すより苦しみが長引くという点で何とも残酷な罰である。西洋では、古代から中世にかけて女性の罪人に科せられた罰のひとつだが、その世界最古の例が、ヘスティアの巫女たちに対するものだったといわれている。

巫女が純潔の誓いを破ったが最後、まずは籠(かご)に入れられて、町の丘に掘(ほ)られた地下の穴に運ばれ、閉じ込められる。この地下にはベッドとわずかなパンや水、灯(あか)りなどが置かれていた。そのおかげで何日かは生き延びられるが、その後は孤独と恐怖、絶望に取り憑(つ)かれ、拷問(ごうもん)にも等しい苦痛となった。

地下室のフタが開かれるのは数週間後のこと。巫女を助け出すためではなく、死んだかどうか確かめるためだったというから、恐ろしい。

13

なぜ、ヴィーナスの前で風俗営業は許されたのか

有名なボッティチェリの『ヴィーナスの誕生』に描かれているのが**愛と美の女神アプロディテ**である。アプロディテは、天空の神ウラノスの切り落とされた男根が落ちた時に生じた泡から生まれた女神とされ、起源は小アジアの豊穣を司る月神だったとみられている。すべての男神が妻に望んだという美貌（びぼう）の持ち主で、アテナ、ヘラと美しさを競ったパリスの審判でも最も美しい神に選ばれている。

鍛冶の神であるヘパイストスと結婚したが、ほかにもヘルメス、アレスといった神々や美青年アドニスなどと愛を交わしており、奔放でセクシーな女神だった。

アプロディテ神殿の1000人の女たち

アプロディテの神殿に仕える神官（しんかん）たちはすべて女性だったとされるが、彼女たちがある裏の顔を持っていたのをご存じだろうか。

ヴィーナスに仕える神官たちの驚くべき内職とは？

彼女たちは清純な顔をして神に仕えながら、その裏でなんと**巡礼者相手の売春を行なっていた**のである。巡礼者は礼拝をして生贄を捧げれば、女神の下で神官たちと性行為を楽しむことができたのだ。そのための部屋も用意されていたというから風俗店さながらである。

もとは西アジアの祭りで神殿付の女奴隷と性行為を楽しむ習俗に由来するという。また、ギリシアでも信者に神の活力を与えるため女性が性的な奉仕をする習わしがあったようだ。

なかでも最大規模だったのが、コリントスのアプロディテ神殿で、女神官こと娼婦が1000人もおり、コリントスへ行くといえば姦通を意味するほどだった。愛と美の女神の聖地は、男たちの楽園でもあったのだ。

14 なぜ、女戦士アマゾンには男性が存在しないのか

ギリシア神話に登場する**女戦士軍団アマゾン**。

トロイア戦争では、女王ペンテシレイア率いる女戦士たちの部隊が次々とギリシア兵を蹴散らす様子が描かれている。見かねた英雄アキレウスが駆けつけ、一騎打ちで女王を倒したが、アキレウスは彼女の美しさに心を奪われたという。

彼女たちは、戦いの神アレスの子孫とされ、女性だけで構成された部族だった。農耕や牧畜に励む一方、武装して馬を駆って戦い、勇敢さでその名をとどろかせた。

女性だけの部族で男性は奴隷しかいないため、子作りも独特だった。年に一度だけ他国に赴いて男性と交わって子を作ったが、男子が生まれると殺害もしくは島流しにして、女子のみを戦士に育て上げたといわれている。

「アマゾン」という名も女戦士ならではの理由を持つ。一説によると、彼女たちは成長すると、弓を引くときに邪魔にならないように右の乳房を切除したため、これが乳

無しという意味の「アマゾン」となったとされている。

それは実在なのか架空なのか

ギリシア神話にもたびたび登場するアマゾンは、その後もさまざまな伝承に登場したこともあり、実在か架空か古代から続く人類史上のミステリーとされてきた。たしかに、女性だけの部族となると非現実的な赴きが強い。しかし近年、実在説が注目を集めている。きっかけは、アマゾンが居住していたとされる黒海沿岸を含む南ロシア草原の一帯から、武器と一緒に葬(ほうむ)られた女性の墓や鏃(やじり)が刺さった頭蓋骨(ずがいこつ)が見つかったことである。これは明らかに女戦士が存在した証(あかし)だろう。

この一帯には紀元前後にスキタイという騎馬民族が文明を築いていたとされており、アマゾンのイメージと一致する。

さらにスキタイは、男性の軍隊のみならず、女性のみで編制された軍隊を持っており、後者に属する女戦士をギリシア人は「アマゾン」と呼んでいたという。

そうした発見から、この**スキタイこそアマゾンの正体**ではないかとみなされ、にわかにアマゾンの実在説が現実味を帯びている。

15 なぜ、怪物ミノタウロスの頭は〝牛〟なのか

紺碧（こんぺき）の海に浮かび、美しい自然と深い歴史で今も多くの人を魅（ひ）きつける、地中海でも人気の観光地クレタ島。そのクレタ島に伝わるのが、**牛頭人身の姿をしたミノタウロス**の伝説である。クレタ島の王ミノスが海の神ポセイドンに約束通り良い牛を捧げなかったため、怒ったポセイドンは、王妃パシパエが牛と交わるように仕向ける。そして生まれた怪物が「ミノス王の牛」という意味の名を持つミノタウロスである。

ミノス王によって地下の迷宮に幽閉（ゆうへい）されながらも、生贄となったアテナイの少年少女を食らっていたため、アテナイの王子テセウスが退治に赴き、殺害された。

「牛＝神」だった!?

ところでこのミノタウロス、牛頭人身という不思議な姿をしているが、その姿はどのような背景から生まれたのだろうか。

クノッソス宮殿の壁画には何とも危険な「牛飛びの儀式」が……

その答えはクノッソス宮殿の遺構から浮かび上がる。

クレタ島はミノア文明の中心地で、古い時代から牡牛崇拝の聖地でもあった。出土品などから、**牛が神に等しい存在とされていたこと**もわかっている。王は牛の形をした神を崇拝し、自身も牛頭の面をかぶり、神官として祭祀(さいし)を行なっていたとされる。

祭礼においても、牛の上を飛び越したり宙返りしたりと、闘牛の源流ともされる牛飛びの儀式が行なわれていたようだ。

こうしたクレタ島の牛に対する信仰が、怪物を生み出す源流となったと考えられている。醜く、怪物として退治されたミノタウロスだが、本来であれば崇敬される存在だったのである。

16 なぜ、神話には「大洪水エピソード」が多いのか

ギリシア神話にも「洪水伝説」がある。堕落する人類をゼウスが大洪水を起こして滅ぼそうとし、一組の男女だけがプロメテウスの指示のもと舟を建造して生き残ったというものだ。この2人から生まれたヘレンがギリシア人の伝説的祖先となった。

この洪水伝説、考えてみれば聖書に語られる「ノアの洪水」にそっくりである。こちらも同様に堕落した人類に憤（いきどお）った神が、大洪水をもたらして人類を滅ぼし、ただひとり正しいことをしていたノアとその一家のみを助けるというものだ。

さらには、メソポタミアの『ギルガメシュ叙事詩』にもよく似た洪水神話が語られている。じつはこのメソポタミアの神話が、紀元前3000年頃の実際に起こった大洪水をもとにした神話で、洪水神話の起源だったともいわれている。

それだけではない。洪水神話は、ヨーロッパ、インド、中国、アメリカ大陸など世界各地で見ることができる。なぜ、世界中に洪水神話が存在しているのだろうか？

その理由は、メソポタミア文明やエジプト文明など四大文明で知られるように、多くの文明が大河のほとりに築かれたことと関係があるようだ。人類にとって水は生命をはぐくむ恵みとなった一方で、川が荒れ狂い、すべてを破壊する洪水を引き起こす恐怖の対象でもあった。各地の洪水に対する恐怖の記憶が神話として語り継がれたのだろう。

全滅と再生の物語

これらの洪水神話は、おおむね**人類がほぼ一掃(いっそう)されて全滅し、新しい人類の時代が始まったことを語る**が、地域などでいくつかの類型に分けることができる。

西アジアや太平洋地域では洪水の起こる原因を重視し、きっかけとして人の堕落や対立抗争などが語られた。洪水後の世界に関心を寄せた神話も多く、北米では洪水後の大地を水底から取ってきたことが語られ、東アジアでは生き残った兄妹による近親(きんしん)相姦(そうかん)の結婚で、人類の歴史が始まったことを描くものも多い。

洪水神話は人々の自然の猛威(もうい)に対する恐怖とともに、そこから再生した人々の記憶をも映し出した神話だったといえる。

17 なぜ、ケンタウロスは「半人半馬」なのか

さあ、いよいよ**ケンタウロス**の登場である。**上半身が人で、下半身が4本足の馬の姿をした半人半馬**、手が2本あるため弓を引くなど武器を扱うことも可能だ。

テッサリアの支配者イクシオンが、ゼウスの陰謀(いんぼう)にかかってゼウスの妻ヘラと思い込まされた雲と交わって生まれた存在とされる。

半人半馬という怪物については、ローマ帝国のクラウディウス帝がテッサリアに生まれてすぐ死んだ半人半馬がいたと実在を認めた話があるものの、馬と人の成育速度が違うことなどを理由に当然、その存在は否定されてきた。

馬とともに襲ってくる恐ろしい一団

では「下半身が馬の姿」という姿は、何をモデルにしていたのだろうか？

それは紀元前6世紀頃、黒海の沿岸にいた**スキタイ人などの騎馬民族**ではないかと

謎多きケンタウロスのルーツとは？

いわれている。当時、まだ馬に乗る技術を持たず、馬にひかれた戦車（チャリオット）を用いていたギリシア人にとって、馬に直接乗って戦場を駆け巡り、馬上から矢を放つ騎馬民族の姿は、まさに人と馬が一体になった怪物にしか思えなかっただろう。

また、神話に登場するほとんどのケンタウロスは粗野で乱暴者。ラピテス族の結婚式に招かれた際には、花嫁など女性たちを襲うという暴挙に出ている。こうした荒々しさも、ギリシア人から見た勇敢な騎馬民族への恐怖を反映していたのかもしれない。

一方で、テッサリア地方の、馬に乗って牛を世話する「山の民」をルーツとする説もあり、いまだに謎の多いモンスターなのである。

18 なぜ、「酒の神」ディオニュソスの祭りはおぞましいのか

音楽や演劇といったギリシア文芸の源泉とも呼ばれる神**ディオニュソス**は、一方で**酒の神**でもあり、王侯貴族から農民まで多くの人々を幻惑（げんわく）した。何より、ディオニュソスの祭りという奇怪かつ狂気の祭りを生み出し、多くの人を熱狂の渦に巻き込んだことで有名だ。

この祭りは、ディオニュソス自身の狂気が生み出したものである。

ディオニュソスはゼウスとその愛人セメレとの間に生まれたが、ゼウスの妻ヘラの嫉妬で2度も殺された。なんとか生き返ったが、葡萄（ぶどう）と葡萄酒を発明すると、ヘラに狂気を吹き込まれてしまうのである。

狂ったディオニュソスは各地をさまよう中で、小アジアのフリュギアで女神のキュベレー（大地母神）のおかげで正気に返り、その祭祀をひそかに伝えられる。この祭

りを独自に発展させて生み出したのがディオニュソスの祭りだった。

何もかも忘れて飲み狂い、踊り乱れる祭り

では、狂気さながらの形態で人々を熱狂に巻き込んだディオニュソスの祭りとは、どのようなものだったのだろうか。

秘儀とされて詳しく伝わっていないのもまた神秘性を高めているが、カギとなるのは酒の神よろしく、酒の力にあったようだ。

すなわち、**葡萄酒を飲んで生肉を食らい、酩酊状態で踊り狂う**ことで神と一体になる神人合一の祭りだったとみられている。

酒は、時に人々の精神を高揚させて陶酔させる。その力を利用してすべてを忘れて笛やタンバリンを鳴らしながら狂喜乱舞して踊り乱れ、やがて恍惚としたトランス状態に陥るのだ。時にはだれかれ構わず乱交することもあったという。

何もかも忘れて精神を解放するこの祭りの熱狂は、またたく間にギリシア全土に広まった。

とくに、抑圧されていた女性たちが熱狂し、家を捨てて山や野をさまよって酒を飲

んで、踊り狂ったというから凄まじい。男性が参加する場合は女装したと伝えられる。

当然、為政者たちはこの教えを警戒した。

ところが、この教えを迫害したり、嘲笑したりした者には恐ろしい罰が待ち受けていた。たとえば、ディオニュソスを捕らえたペンテウス王は、この教えの魔力に取りつかれた自身の母を含めた女性たちに八つ裂きにされたという神罰が伝わっている。陶酔と忘我が何とも魔術的な力を持つ教えだったようだ。


こうしてディオニュソス信仰が高まるにつれ、人と神の混血であったディオニュソスも人間を神へと変える神として崇拝され、オリュンポス入りを果たした。

しかし、ディオニュソス信仰もローマの支配の前では通用しなかったようだ。あまりに奔放すぎる信仰は弾圧されて、前１８６年に禁止令が出されている。

19 なぜ、ギリシア神話には男性の同性愛が多いのか

ギリシア神話といえば男女の恋愛がお盛んだが、じつはそれに匹敵するほど**男性同士の同性愛の話も数多い**。女性を追っかけまわしているゼウスやアポロンも、美少年との恋愛もしっかり楽しんでいる。

ゼウスは美少年ガニュメデスを気に入って誘拐した話が有名で、アポロンはヒュアキントスと愛し合い、漁や狩り、運動などいつも一緒に連れ歩いていたことで知られる。もちろん男同士での恋人の取り合いや醜い嫉妬は日常茶飯事で、ヒュアキントスは横恋慕された神の嫉妬により殺されたともいわれている。女だけでなく男の嫉妬も恐ろしいのだ。

ほかの神々や人間も、異性との恋愛にのめり込みながら同性愛も盛んに楽しんでいる。

なぜ、神々はここまで同性愛に熱心だったのだろうか？

その謎を解くカギが、今も使われる**「ギリシア的愛」**という言葉である。

これは同性愛を指す言葉だが、ギリシアではその名がつけられるほど、古くから同性愛が一般的に行なわれていたのである。古代ギリシアでは同性愛が当たり前だったのだ。

じつは、古代ギリシアでは友情をはぐくむなかで絆を深め、友愛へと発展させる同性愛が習慣となっていた。

こうした形の同性愛が発達した背景には、ギリシアの都市国家の軍隊組織があるだろう。

たとえばギリシア最強の軍事国家とも呼ばれたスパルタは、7歳から30歳になるまで男子は共同で集団生活を送った。自然と男同士の絆が強まり、戦闘における仲間意識も高まるなど、ギリシア的愛がはぐくまれる素地(そじ)があったといえる。

さらに驚くのが、ギリシアのテーバイの神聖隊(ヒエロス・ロコス)である。これは300名からなるテーバイ軍の精鋭(せいえい)部隊だったが、驚くことにすべて男性同士のカップルによって組織されていたのである。

これは、お互いに愛する者のためであれば、命をかけて勇敢に戦うはずという考えによるもの。愛で結ばれた最強の軍団といえる。

この神聖隊の活躍もあって、テーバイは紀元前4世紀に一時的ではあるが、スパルタを倒しギリシアの覇権を握っている。

◯◯◯熟年同士はダメよ

こうして公然と認められていたギリシアの同性愛。ただし好き放題に行なえたわけではなく、公認であるがゆえに**厳しいルールの下で行なわれていた**。

それは単純な肉体目的でないこと、大人の男性が12歳から20歳までの青年をリードすることなどである。

少年愛にも等しいもので、熟年の男性同士の恋愛はタブーとされた。大人の男が少年に知恵や学問、社会のマナーを一対一で教え、一人前の男に育てるという関係が求められたのだ。

欲望に走る肉体目的の結びつきは軽蔑され、純粋でロマンチックな関係が望ましいとされていた。とはいえ恋愛感情がある以上、やはり関係を結ぶケースが多かったようだ。

人類誕生物語 1 ギリシア神話

誕生と絶滅を繰り返しながら、神々から離れていった4つの人類

ギリシア神話では、人類創造が何回か行なわれた。詩人ヘシオドスの『労働と日々』によると、神も時代別に人間の種族を作っており、黄金、銀、青銅、英雄、そして鉄という性質の異なる5つの世代があったことが記されている。

しかしこれらの世代は、英雄を除いてだんだん劣っていったという。

最初は、クロノスがティタン神族を率いて宇宙を支配していた時代に生み出された「黄金の種族」である。彼らは、働くことも、老いることも、災いが起こることもない神様の宴会のような理想の生活を送っており、最終的には眠るような穏(おだ)やかな死を迎えた。

次に生み出されたのが「銀の種族」。彼らは100年ものあいだ子供の時代を過ごし、大人になるとすぐに死ぬことが多かった。神を敬わなかったために、ゼウスによって

消滅させられている。

その次にゼウスが作ったというのが「青銅の種族」だ。トネリコという植物から生まれ、青銅の鎧(よろい)をつけていた。彼らは好戦的で戦いにしか関心を示さず、争った末に自滅してしまう。

4番目の種族が、神話で語られている半神的な「英雄の種族」である。ヘラクレスやアキレウスなどがこれに当たる。

やがて英雄たちがトロイアの戦いで滅びた後、生み出されたのが現在の「鉄の種族」である。あらゆる災いに苦しめられ、みじめな生を生き、死ねば冥界のハデスの前に行かねばならない運命だ。

なお、現在の人間は、ティタン神族の職人プロメテウスが作ったという説もある。彼は、ティタノマキアでゼウスらの味方をしたのち、水と土から最初の人間を作ったという。その後、ゼウスに逆らってまで天界から火を持ち出して人間に与えたために、永遠に肝臓を大鷲についばまれる罰を受けたという。

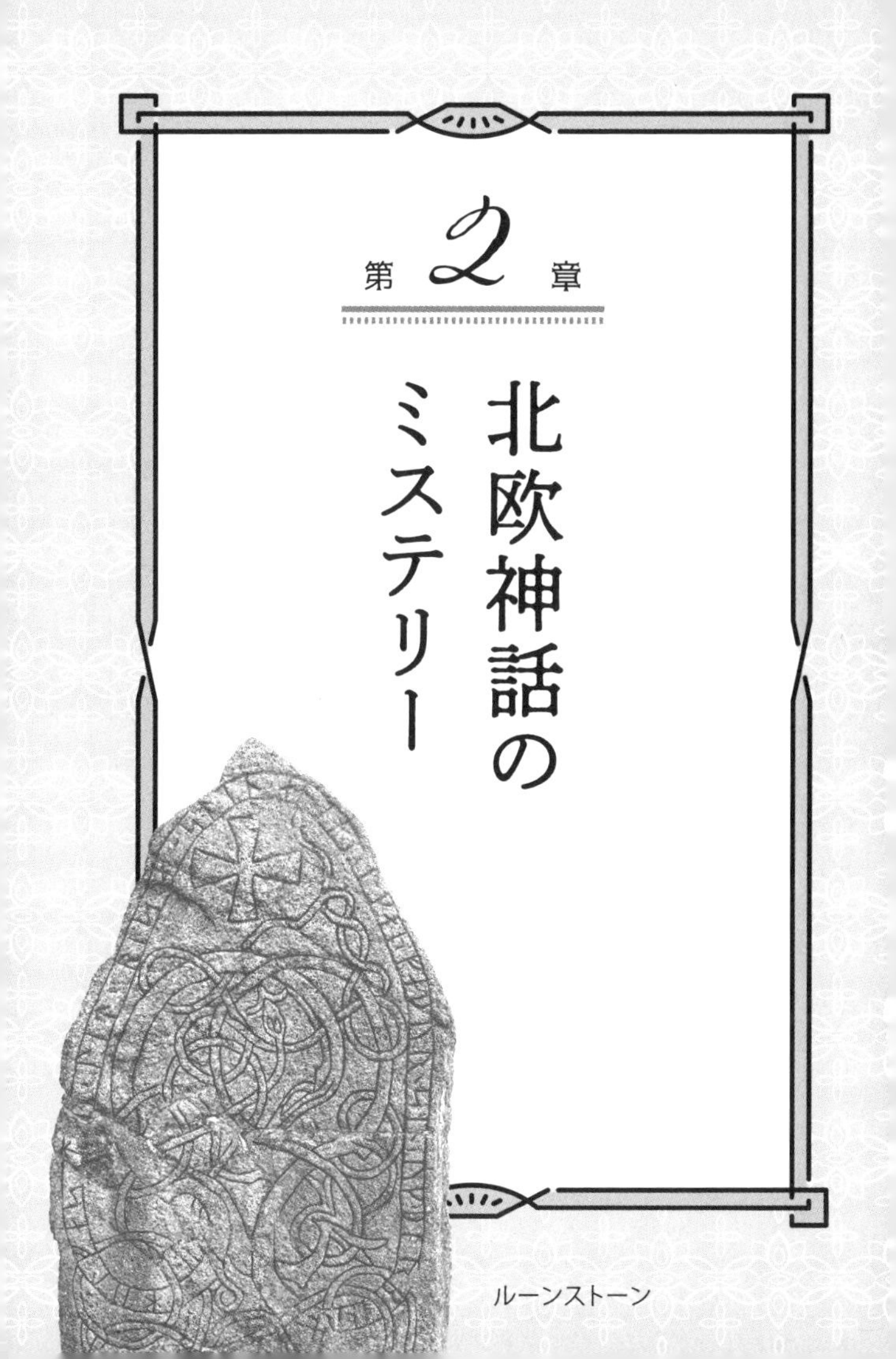

第2章

北欧神話のミステリー

ルーンストーン

押さえておきたい！

北欧神話あらすじ

争いと騙し合いが打ち続く戦いの世界

北欧神話は、神々や巨人たちによる、魔法や武器、知恵などを駆使した激しい戦いの物語である。そのため、漫画・アニメやRPGなどゲームのモチーフとされることが多い。また、この神話の根幹はその終末観だ。世界が終末を迎える最終戦争(ラグナロク)へ向かう終わりの物語であり、神々も永遠の命ではなく滅びゆく定めなのである。

北欧神話は、ヨーロッパで暮らしていたゲルマン民族の神話で、その多くがローマ化していくなか、北欧に固有の伝承として残されたものである。古代ゲルマン人は文字を持たず、神話も口承(こうしょう)で伝えられてきた。そのため文献として成立したのは9から12世紀と比較的遅く、『古エッダ』『新エッダ』という詩を集成した形で残されている。

巨人ユミルから世界を創造

神話の始まりは、暗黒と炎のみの世界に原初の巨人ユミルと牝牛アウズフムラが誕生する巨人化生神話である。アウズフムラから神々の祖先ブーリ、ユミルから巨人の祖先の霜の巨人一族が生まれた。ブーリの子、ボルは巨人族の娘と結婚しオーディン、ヴィリ、ヴェーの3人の息子に恵まれる。このオーディンが北欧神話の主神である。

成長したオーディンらはユミルを倒し、その体から世界を創造した。肉体から大地、骨から岩、その血と汗から海を作ったという。さらにトネリコの木から人間の男女を作り、彼らの住むミズガルズを作った。ミズガルズは巨人の攻撃を防ぐためにユミルの眉毛で作った塀で囲まれた世界である。

さらにオーディンは、世界の中央に自分たちアース神族が暮らすアースガルズを作った。のちに、巨人の世界ヨトゥンヘイム、死者の国ニヴルヘルなどが作られ、計9つの世界ができた。宇宙は天上、地上、地下の3つに分かれ、それを貫くように宇宙樹のユグドラシルがそびえ、9つの世界が付随するのが北欧神話の世界である。

しかし間もなく、オーディンらアースガルズに住まうアース神族と、別系統のヴァン神族の戦いが始まる。アース神族の繁栄を羨んだヴァン神族がアースガルズに魔女グルヴェイグを送り込んだところ、アースガルズに悪徳がはびこり、その結果両者の間で争いとなったのだ。両者は激しい戦いののち、人質を交換して和睦した。

その後、アースガルズの城壁の完成を見たオーディンは知識を求めて旅に出た。知識を得るためミーミルの泉を飲む一方、代償として片目を差し出し、魔法のルーン文字を得るため自ら生贄となり9日間木に吊るされるなど、苦難の末に知識を習得した。

世界の終末ラグナロクへ

しかし、ニヴルヘルの巫女から、光の神バルドルの死後、「神々の黄昏、ラグナロクが訪れる」という不吉な予言を受ける。バルドルはオーディンの最愛の息子で誰からも愛されていた存在であった。その後のオーディンはラグナロクに備え、戦場に散った英雄たちをエインヘリアルとしてヴァルハラ宮に集めるようになった。

このバルドルを殺したのは、巨人でありながらオーディンの義兄弟となりアースガルズで暮らすロキである。彼は悪知恵が働き、変身を得意としていた。アースガルズの城壁を直す時に鍛冶屋の無茶な要求を乗り切る策略をたてるなど、神々を助けることもあったが、邪悪な一面を持ち、神々を苦しめることも多く、物語のトリックスターとして世界をかき乱していく。

ロキがバルドルを殺したのは、その人気に嫉妬したからである。ロキはバルドルの唯一の弱点がヤドリギであることを探り出すと、バルドルの異母弟ホズをそそのかし、ヤドリギを投げつけて殺害させたのである。しかもロキの策略でバルドルの再生の道も断たれてしまう。これにより世界に暗雲が垂れ込め始める。ロキは神々と袂を分かとうとするが、オーディンらはロキを捕まえて幽閉し、世界の終末まで拷問にかけた。

　バルドルを失った世界には純粋さや善が失われ、暴力や悪徳がはびこり、やがて天変地異が起こり、人間の世界が崩壊する。解放されたロキも含めた巨人族や死者が、アースガルズへ侵攻を始めてラグナロクが勃発し、壮絶な戦いが始まった。オーディンは巨大な狼のフェンリルと対峙したが飲み込まれ、オーディンの子で北欧神話最強ともいわれる雷神トールは、大蛇ヨルムンガンドとの戦いで相打ちとなる。ヘイムダルも死者の国を率いてきたロキと戦い、相打ちとなった。フレイは炎の巨人スルトと戦うも敗れ、スルトの投げ放った火が全世界を焼き尽くして大地は海に沈み、世界は滅亡した。

　しかしその後、海から豊かな緑の大地が浮上する。唯一生き残った2人の人間の男女から人類が再生し、冥界から蘇ったバルドルと、ラグナロクを生き延びたトールの子供たちがアースガルズを懐かしむところで物語が終わる。

1

なぜ、北欧神話は2つの神族が戦う話から始まるのか

北欧神話では天地創造後、世界の中心であるアースガルズに住む**アース神族**と遠く隔(へだ)てたヴァナヘイムに住む**ヴァン神族**が対立し、戦争へと突入する。

事の発端はヴァン神族がアース神族の繁栄を羨み、3人の巨人の娘や魔女グルヴェイグを送り込んだことだった。結果、アースガルズには悪徳がはびこり、悪徳に冒されたアース神族の神々が黄金への欲望に取り憑かれて戦争を仕掛けたのである。

戦争は長期化し、アースガルズを守る城壁が崩壊しても決着がつかなかったため、両神族は人質を交換して和解することとなった。ヴァン神族からは最高神ニョルズとその子供フレイという指導者と、賢神のクヴァシルが送られた。これに対してアース神族は美丈夫(びじょうぶ)の神ヘーニルと知恵者ミーミルを差し出した。

ところがヘーニルはミーミルがいないと何もできない無能の神であったため、怒ったヴァン神族はミーミルの首を斬(き)り、アース神族へと送り返す。そして両神族は再び

断交して二度と和解することはなかった。

これ以降、ヴァン神族はヴァナヘイムに逼塞（ひっそく）して物語のなかからほぼ姿を消し、オーディンなどのアース神族を中心に神話が展開されることになる。

ゲルマン民族がやってきた！

北欧神話の序章を物語るアース神族とヴァン神族との対立。2つの神族対立の神話の背景には、一説によると、ゲルマン民族がヨーロッパ各地に南下し、その地に暮らす**民族との間に起こった信仰の対立**があったのではないかといわれている。

ニョルズやフレイを擁（よう）するヴァン神族は土着の豊穣信仰の一族である。神話のヴァン神族をヨーロッパで崇拝されていた土着の豊穣神、アース神族を新しく侵入してきた戦神の一族になぞらえ、ヨーロッパの農耕民の豊穣信仰とゲルマン民族の戦神信仰の抗争を神話に投影させたのではないかというのだ。

神話でこれ以降、ヴァン神族が姿を消すことを考えると、遊牧民族が土着の農耕民を征服し、戦神信仰を押し立てて勢力を拡大したという歴史的な記憶を神話に取り入れたのではないかともいわれている。

2

なぜ、主神オーディンは呪術的な力を持っていたのか

北欧神話の主神は、いわずと知れたアース神族を率いる**オーディン**である。宇宙を創造し、9つの世界を取り仕切り、知や戦い、魔術、死などを司る。最後は神々と巨人の戦いを経て世界の終末となるラグナロクで命を落とした。

オーディンは古くから北欧の人々に信仰されてきた神だが、なんと**シベリア由来の神**ではないかといわれている。

ヨーロッパの神の起源がアジアのシベリアとは意外だが、その理由はオーディンのシャーマン的な要素と関係があるという。

シャーマンとは神や聖霊とつながり、神秘的な力で予言や祭儀(さいぎ)など呪術(じゅじゅつ)を行なう人物で、シャーマンという語の発祥(はっしょう)地もシベリアといわれている。そしてオーディンは魔術のルーン文字を取得し、死者の魂を死の国に導くなど神秘的な力や死者とのつながりなど、シャーマンの一面を持つ神である。

自らを「生贄」に!?

オーディンは、神話のなかで**ルーン文字を手に入れる際に、自らを生贄にしている。**この逸話が、自らを生贄とした修行をするシベリア地方の古代シャーマンの姿と重なるのだ。

しかも、オーディンとシベリアのシャーマンとは、持ち物の不思議な馬も一致している。

駿馬スレイプニルには足が8本!

それは8本足の馬。オーディンの所有する**8本足の駿馬（しゅんめ）スレイプニル**は、自由に空を駆け巡り、死者の魂を冥界に運ぶ馬である。シベリアではシャーマンが8本足の馬を所有し、霊を運んでいたとされており、8本足の馬と冥界とのつながりはシベリアに由来するようだ。

3

なぜ、北欧の湿原から謎の遺体が見つかるのか

北欧神話の神々を信仰していた人々は、**ヴァイキング**としても知られ、北の海から漕ぎ出して貿易に従事する一方で海賊行為を行ない、ヨーロッパ中を荒らしまわった。そんな彼らが崇拝した主神オーディンが、戦闘を司る神であったことは必然だったかもしれない。

そのため、オーディンへの供物は、現代人の度肝を抜くような血なまぐさくて恐ろしいものだった。

もちろん槍や盾など戦利品を供えることも多かったのだが、合わせて、しばしば生贄、それも動物ではなく人間が供物として捧げられたのである。しかもそれはただの生贄ではなかった。犠牲者は一様に絞首刑にされていたのだ。**木から吊るされたうえに槍で刺し貫かれる**という、何とも凄惨な方法で殺されていたのである。

実際に儀式が行なわれたスウェーデンやデンマークなどの湿原の泥炭地からは、首

に巻き付けられたロープが残った男性の死体や、絞殺刑に処された少女の遺体が見つかっている。木から吊るされた状態で見つかった遺体も残されていた。これらは生贄として捧げられた人々とみられている。

「宇宙樹」に吊るされて願いをかなえる？

なぜ、オーディンへの生贄は首吊りだったのだろうか？

それは、オーディン自身が９日間、宇宙樹のユグドラシルに吊るされ、死と再生の末に、優れた叡智（えいち）やルーン文字を得たことに基づくものと考えられている。

つまり、最高神のオーディンは神である自分に対して、首吊りという苦行を課し、自身を生贄として捧げることで願いをかなえたのである。

これにちなんでヴァイキングたちも生贄を絞首刑にして捧げたのだろう。犠牲者は、当初は戦闘の捕虜（ほりょ）が多かったが、そのうちそれ以外の人も加わり、息子を犠牲にした王の話も伝わっている。

むごい話に思えるが、首吊りの死はオーディンが戦死した勇敢な戦士たちを集めたヴァルハラに行ける近道として、好ましい死とさえ考えられていたようである。

4

なぜ、ルーン文字には魔力が宿されているのか

現代でも「ルーン占い」などに使われ、アニメやゲームにもしばしば登場する古代北欧の**ルーン文字**。

このルーン文字を発見して世に広めたのも北欧神話の主神オーディンだという。オーディンは**宇宙樹のユグドラシルで9日間にわたって首を吊るという苦行**に打ち勝って、不思議な力を持つというルーン文字の秘密を得ることに成功したのである。

刻印するだけで呪いが……

オーディンが苦労して手に入れたルーン文字とは、どのような力を持っていたのだろうか？

最古のルーン文字は24字あり、縦と横の直線の組み合わせによる象形文字のようなシンプルな文字だった。

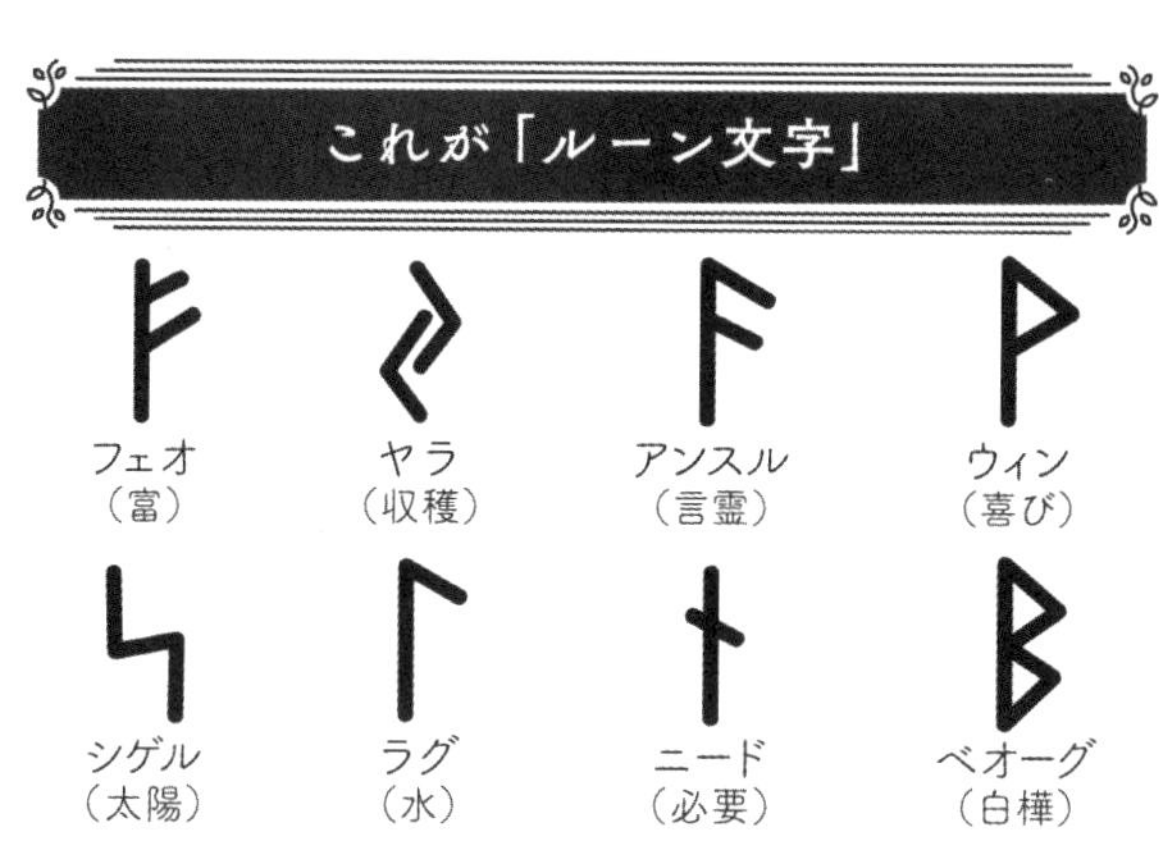

※出典：『いちばんわかりやすい北欧神話』杉原梨江子（実業之日本社）

何といってもその特徴は、**魔力のような力を宿していた**こと。この文字を刻むことで願いがかなったり、呪いをかけたりすることができた。

たとえば、武器に特定の文字を刻むと攻撃力が強まったという。ほかにも、安全な航海や恋愛成就などさまざまな願いをかなえたり、盗人を殺したりする効用まであったとされる。

さらに、ルーン文字は予言する力もあった。文字が刻まれた石や木片をランダムに取り出し、出た字によって占ったようだ。

このように魔術のような力を持つルーン文字だが、11世紀頃までは交易する際のコミュニケーションツールとして実用的にも役立っていたという。

5 なぜ、噴き上がる炎と滅亡図は超リアルなのか

北欧神話を締めくくるのは**ラグナロク**である。光の神バルドルの死をきっかけに世界で天変地異が起こり、人間社会は荒廃(こうはい)、これを契機に巨人たちが神々の世界に攻め込んでくる。神々が次々と打倒され、ついには巨人族のスルトの放った炎が天地すべてを焼き尽くし、世界は滅亡するのである。

この激しく噴き上がる炎の描写と世界の滅亡。こうした情景がまるでその目で見てきたかのように描写されるのだが、どうすればそのようなことが可能だったのか？

実はラグナロクの描写にそっくりな自然現象がある。

それは火山噴火。じつは１９６３年11月の噴火で誕生したアイスランドの世界遺産、スルツェイ火山島のスルツェイとはスルトからとった名前である。この時の海底の大爆発や海から炎が噴き上がる**この世のものとは思えない激しい噴火の様子に、アイスランドの人々は北欧神話における世界の終末を重ね、スルツェイと名づけた**のだ。

この激しい爆発の様子は、アイスランドの火山噴火の特徴でもある。古代の人々も地上を揺るがす大噴火に、思わず世界が崩壊する恐怖を感じたに違いない。

共通する破壊、そして再生

火山の噴火と神話のラグナロクの類似は、これだけでなくほかにもある。

神話ではラグナロクの終焉のち、海から豊かな緑に包まれた大地が浮上し、炎の飛び散る火花から太陽や月が生まれる。そして、生き延びたり復活したりした人や神が大地に広がり、世界が再生されて神話は終わっている。

これはまさに火山の再生を思わせないだろうか。実際、不毛の世界とみられたスルツェイ火山島も生態系が少しずつ生まれ、島が誕生して約50年後には維管束植物（水中生活をしていた植物が地上に出てきて、水分や養分を運ぶ維管束を持ったもの）60種、鳥類89種、無脊椎動物335種など多くの生物や植物が生息するまでに変貌していたのである。

古代の人々も、噴火とその後の奇跡の再生の物語を目にしていただろう。その記憶が世界の終末と復活の神話に投影されているのかもしれない。

6

なぜ、「男の中の男の神」は女神も顔負けの美脚を持つのか

北欧神話に登場する神の1柱で、ヴァン神族の生まれの**ニョルズ**は、アース神族との戦争の末、講和のために人質として送り込まれるという気の毒な経歴を持つ。だが、そんな不幸もなんのその。ヴァイキングの間でヒーローとして信仰された。

海や風の動きを操る力を持ち、富と豊穣の神であり裕福(ゆうふく)で財産家。信仰する人には富と幸運を授けるという、何とも頼もしく男らしい神である。しかも**〝神々のなかで最も美しい〟と称えられる美脚の持ち主**で、その美脚を光の神バルドルのものと考えて婿に選んでしまった巨人の娘スカジと結婚している。まさに男も女も憧れる美脚だが、そのルーツは意外なことに女神だったともいわれている。

その「美脚」が示すもの

では、ニョルズはどのような女神だったのだろうか？

それは、ゲルマン民族の間で信仰されていた**豊穣の女神ネルトゥス**とみられている。

そもそもネルトゥスとニョルズは語源が「力」と同じで、この2神はかかわりが深い神とみなされている。また、ネルトゥスは島から荷車に神像を乗せて練り歩き、平和と豊穣をもたらす祭祀で知られるが、ニョルズの子である豊穣の神フレイも同じような祭祀を行なうことで知られている。こうしたつながりや、豊穣神には女神が多いこともあり、ニョルズはもともとネルトゥスだったのではないかと考えられたのだ。

では、そのネルトゥスがなぜ女神から男神へと変化したのか。ネルトゥスが北欧神話に取り入れられる際、ヴァイキングでは力と富が求められたため、男性の神格ニョルズへと転化したのではないかという。

一方で、両者は同一の神ではなく、別の神だが夫婦だったという説や、両者は別の神で、ネルトゥスの配偶者が独立してニョルズとして崇められたという説がある。または、ネルトゥスは両性を持つ神だったともいわれ、力が必要とされた北欧神話では男性の要素が強くなり、途中で優位の性が変わったのではないかともいう。もしかすると、美脚こそ女神時代の名残(なごり)だったのかもしれない。

7 なぜ、神々の番人ヘイムダルが、人間にまで手を出したのか

ヘイムダルは素晴らしい聴力と視力、黄金の歯を持ち、虹の橋ビフレストで巨人の侵入がないか見張りを務めたり、**ラグナロクの際には世界中に響く角笛（つのぶえ）を吹きならしてその到来を告げ、神々を集結させたりした。**

こうして人類に「階級の差」が与えられた

神々の番人だったヘイムダルだが、もうひとつ、我々人間にとって重要な役割を果たしていた。

なんと、人間社会にある階級（身分）を作ったというのだ。これは一体どういうことなのだろうか？

ヘイムダルがリーグと名乗り、世界を旅した時、旅先で出会った3組の夫婦との間にそれぞれ子をもうけた。

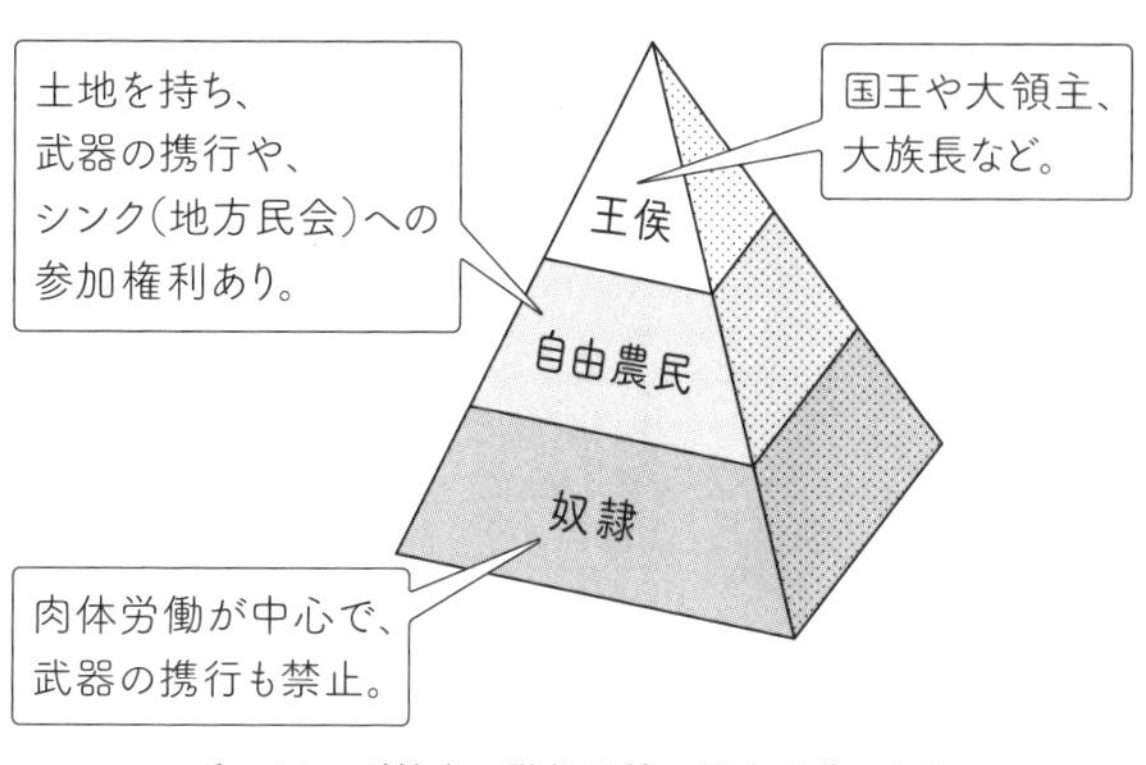

ヴァイキング社会の階級は神の番人が作った?

その3人の子がそれぞれ奴隷、自由農民、王侯の祖となったというのだ。ここから、それまで平等だった人類に階級の差が生じたのである。

じつはこの階級は、8から11世紀のスカンジナビア社会の実態と見事に当てはまっていた。

当時の社会は、民会で選出された王と首長を筆頭に、社会の中核を担う自由農民、奴隷で構成されていたのである。

ヘイムダルの神話はこうしたヴァイキングの社会の階級を投影したものだろう。ヘイムダルを階級の祖とすることで、**階級もまた神が作り、その意に適(かな)ったものとみなされた**のである。

8 なぜ、神が死ぬと船の上で燃やされたのか

バルドルとはオーディンの息子にして後継者。「バル」（光り輝く）の意を持つ、美しい光の神だったが、ロキの策略によりヤドリギで貫かれて命を落としてしまう。

これをきっかけに世界が荒廃し、北欧神話の物語はラグナロクへと向かうのだが、この時、死んだバルドルの葬儀（そうぎ）は何とも奇妙な形式で行なわれた。

なんと、**イバラで飾り立てられた船にバルドルの遺体を乗せて火にかけ、海に押し出し沖で燃え上がらせた**のである。

これは船で葬儀をして燃やすという舟葬（しゅうそう）である。現代の日本人にはあまりなじみのない葬儀だが、なぜこのような船を使った葬儀を行なったのだろうか。

いつまでも現世でさまよわないために

じつは舟葬はヴァイキング時代の北欧では一般的に行なわれていた。イギリスの小

説で、映画化もされた『ヒックとドラゴン』においても、戦で命を落とした主人公の父親をこの舟葬によって葬る描写がある。そうしたヴァイキングの習慣であったため、神話にも当然のごとく取り入れられたのである。

ではなぜ、ヴァイキングは船で葬儀を行なったのか？

それは船が死者にとって重要な意味を持っていたからである。ヴァイキングにとって**船は、オーディンが戦士を集めるヴァルハラ宮へと運んでくれる唯一の乗り物**と考えられていた。船がないと死者はヴァルハラへ行くことができず、現世をさまよってしまうことになる。

そのため、北欧では死者を船に乗せて火葬するのがしきたりだった。あるいは火葬せずにそのまま埋葬することもあった。

ただし、葬儀のために大きい船を調達できるのは王や王妃、強大な族長クラスであり、それ以外の人が大きな船を用意するのは難しいのでは？　と心配になるだろう。

その点は意外に現実的である。本物の船の代わりに、船の形をした環状列石に囲まれた埋葬墓が築かれたのだ。死者は呪術的な力を持っており、その力をもって、石を本物の船に変えることができると考えられていたのである。

9 なぜ、「女神の一団」が戦場に現われたのか

オーディンは、**ヴァルキュリア**と呼ばれる女神の一団を従えていた。彼女たちはオーディンの娘ともいわれるが、巨人族や人間の王侯の娘などさまざまな出自を持つ女性たちで構成されていた。

ヴァルキュリアの主な役目は、**戦場を駆け巡り、戦士たちの勝敗を決定し、戦死者をヴァルハラへと運ぶ**ことである。この戦士たちはラグナロクを戦うために集められた者で、ヴァルキュリアはラグナロクの日まで戦士たちへの給仕も担当するという。

戦いに恋に奮闘

彼女たちは甲冑（かっちゅう）をまとい、女戦士の格好をしていたが、うるわしい戦闘姿や白鳥に変身する姿で描かれることもあり、「白鳥の乙女」などとも呼ばれた。役割上、人間の戦士たちとの接触も多いことから、必然的に恋も芽生え、英雄との恋物語に身を投

じるヴァルキュリアたちも登場している。

「戦場の花」ともいうべきアイドルのような存在だが、活躍した者もいればおまじないのように名前が書かれただけの者も多数いる。その名が神話の中にあふれかえっているのだが、実際、ヴァルキュリアは何人いたのか？　名前もダブっていたりして正確に把握するのは至難の業といえるだろう。

ただし少なくとも38人はいたようである。これはフランスの北欧学者レジス・ボワイエが38人の名を明らかにしているからである。

戦場に出た女神たちの目的とは？

　彼女たちの名は、スケッギョルド（「斧(おの)の時代」）、フロック（「戦闘」）、ヒヨルスリムル（「剣の女戦士」）などオーディンの軍団らしく「戦闘、剣、怒り」など戦いやその関連のものが多いとされている。

10
なぜ、世界終末のストーリーが異教キリスト教にかかわっているのか

北欧神話のクライマックスとなるラグナロク。それに先立ち、太陽と月が飲み込まれて天変地異が続き、人間の世界は醜い争いにより荒廃していく。巨人たちは侵攻を始め、神々を倒していく。大地は炎の巨人スルトが放った炎に焼き尽くされて海の底に沈んだ。神も人も海に沈み、人類は滅亡して世界は終焉を迎えたのである。

この北欧神話の世界の終末、どこかで見たような場面と思う人もいるのではなかろうか。それもそのはず、キリスト教で世界の終わりを記した黙示録(もくしろく)とそっくりなのだ。

世界が乱れてあらゆる恐怖や戦いの末に世界が滅びるというテーマは、善と悪とが戦い世界が終わるという**「ヨハネ黙示録」**とよく似た構成である。何より、北欧神話でヘイムダルが角笛を使って侵攻を知らせるのは、キリスト教の7つのラッパがかきならされて戦いの幕が開けるところと酷似(こくじ)しているといえるだろう。

また、ラグナロクでは「すべてを統べる強き者が天から降りてくる」と記されてい

る。これは多神教の神々が住む地に絶対唯一の神が降りてきて、最後の審判のように裁きを下すことを示唆しているともいわれ、キリストの再来を彷彿（ほうふつ）とさせる。

そしてラグナロク後、新しい生命が誕生し、神々と人類は再生する。これもまた、世界の終末後に、新しいエルサレムが到来するとされる黙示録の描写と同じである。

修道院で行なわれていたこと

キリスト教と、異教であり多神教でもある北欧神話は相容れないはずである。にもかかわらず、両者の最後はなぜこのように似ているのだろうか？　偶然の一致なのか、それとも意図するところがあるのだろうか？

じつはこの両者、深いかかわりがあったことはあまり知られてはいない。

なんと、北欧神話はキリスト教の影響を受けていたのである。北欧神話はキリスト教が広まって以降に書き留められたもの。しかも、何を隠そうキリスト教の僧院でまとめられたというから驚きだ。ラグナロクが黙示録の影響を受けるのも当然の結果といえよう。当時**キリスト教は、布教のために土着の神とキリスト教の信仰の融和を進めていた**ため、黙示録の影響を受けた神話をあえて生み出したのである。

11 なぜ、宇宙樹ユグドラシルはあの観葉植物に似ているのか

北欧神話を貫く世界観は、世界の中心に巨大な**宇宙樹ユグドラシル**がそびえ、その周りに9つの世界が附属すると考えられていた。9つの国とは神々の国アースガルズ、人間の国ミズガルズ、巨人の国ヨトゥンヘイムのほか、ヴァン神族の国ヴァナヘイム、死の国ニヴルヘルなどだ。そして、ユグドラシルが宇宙の軸となり、これらの国を含めた全宇宙を支えていると考えられたのである。

宇宙樹が世界を支えるという概念は、古代ヨーロッパやアジアの北方に広く分布していたものだ。この背景には、ある自然崇拝が存在していたのだという。

北欧の樹木信仰から生まれた世界観

それは、巨樹や特定の樹木に畏敬の念を抱く樹木信仰である。では、北欧における樹木信仰とはどのようなものだったのだろうか。

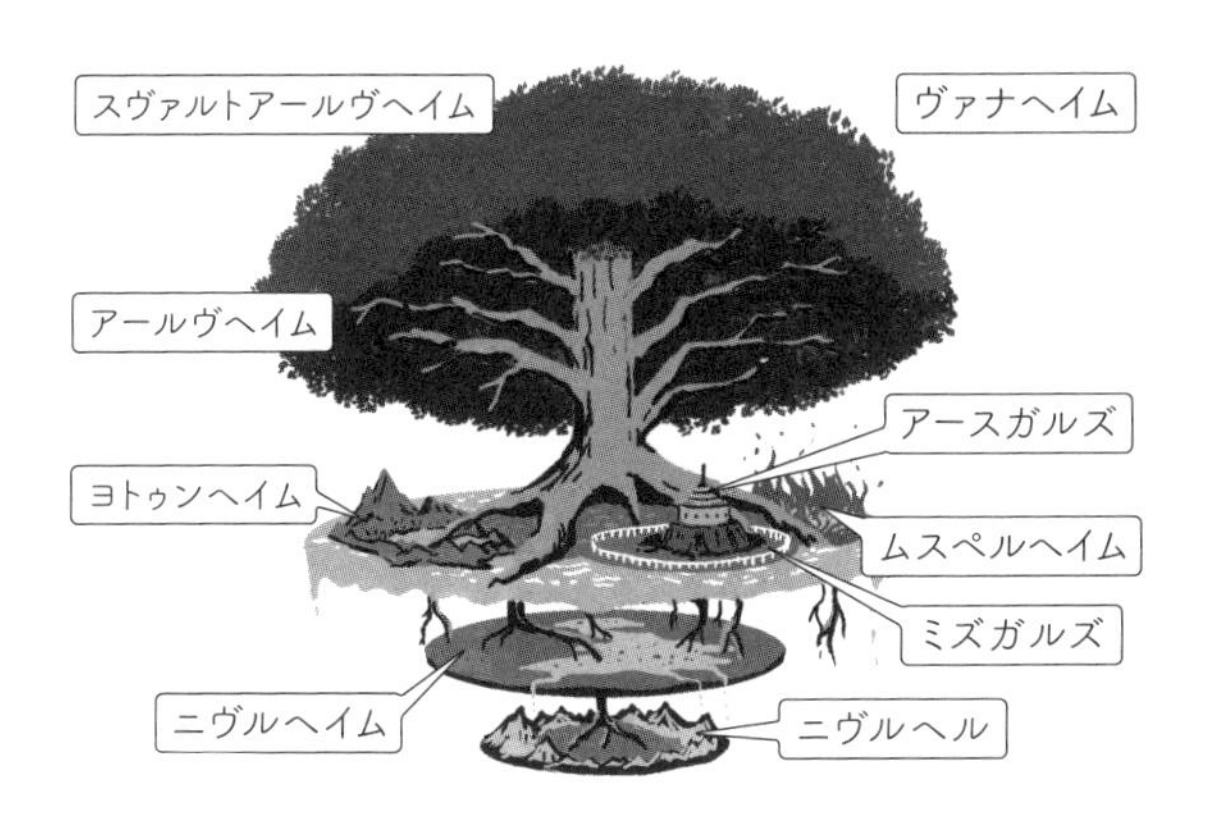

神々の国、巨人の国、死の国に根を張る「宇宙樹」

北欧でとくに崇拝されたのが**トネリコの木**である。トネリコはモクセイ科の樹木で、大樹に成長し、木質も頑丈(がんじょう)なため、棍棒(こんぼう)や槍の柄(え)、雪靴などさまざまな道具の素材に用いられてきた。ドイツではトネリコの開花で豊作を占っていたという。

天にまっすぐのびる威容(いよう)とさまざまな道具の素材となりうるトネリコに、人々は崇敬の気持ちを抱いたのだろう。

その証に、ルーン文字を刻んだ護符(ごふ)の素材に使われ、北欧神話の最初の人間はトネリコで作られたとされている。そして北欧神話の中心ユグドラシルも、やはりトネリコである可能性が高いと指摘されている。

12 なぜ、人々は「平穏な死」を恐れたのか？

死後の世界といえば、天国と地獄の対極的な世界観が宗教や神話にはよく見られる。一方、北欧神話においては、極楽世界の天国と、罪人が苛まれる地獄は明確には存在しない。ただし、戦死した英雄たちが集まり、ヴァルキュリアたちの給仕のもと、訓練と宴の日々を過ごすヴァルハラ宮が天国に相当するといえる。これに対して地獄にあたるのが、悪鬼ロキの娘である女神**ヘルが支配するニヴルヘイム**といえるだろう。

ニヴルヘイムは霧に覆われた暗い場所で、冷たくジメジメとしており、ヘルはオーディンから死者に住む場所を与えるという役割を与えられていた。

そんなヘルは体の一部が腐敗し、険しく恐ろしい顔をした女神だったという。ここに送られた死者は、この陰鬱な世界で恐ろしいヘルに仕え、寒さや飢えに耐えなければならなかった。ヘルの館のエーリューズニルのインテリアには飢え、空腹、病床など不気味な名前がつけられていたという。

死に方で決められた「地獄行き」

ではこのニヴルヘイムには、どんな人生を送った者が落とされるのだろうか？

生前に悪い行ないをした悪人に違いないと思いきや、意外にも、**病気や老衰などで死を迎えた人たち、または海難事故で命を落とした人々が送られた**のである。

なぜ、平穏に生を終えた人々が地獄に落ちるような事態になったのか？

この背景には、当時の北欧人の意外な考え方が隠されていた。穏やかな死を望む現代とは異なり、中世の北欧では、平穏な死を「藁の死」と呼んで嫌っていたのである。

激しい戦いのなかに身を置いていたヴァイキングたちは、戦場で勇者として戦って死ぬことを名誉な死と受け止めていた。**勇者として死んだ者だけがヴァルハラに迎えられてオーディンの戦士となり、快適に過ごせると考えられていた**のだ。

その一方で、平穏な死を迎えてヘルのもとへ送られることを不名誉な死とみなし、何よりも恥じた。

そのため自ら進んで戦場へ参じ、自分の身体に傷をつけて死ぬ者もいたという。ヴァイキングが勇猛だった理由の一端はここにあるようだ。

人類誕生物語 2

北欧神話

世界を創造したオーディンらが木から作り出した最初の人類

北欧神話では、巨人から生まれたオーディン、ヴィリ、ヴェーの3神が、原初の巨人ユミルを倒し、その体から天と地、月、星、山々など世界を創造したとされる。そして海岸を歩いていた神々は、2本の流木を拾うと、その木からこの世界に住む一対の男女を作り出す。トネリコの木から最初の男を、ニラの木から女を作り出し、男をアスク、女をエムブラと名づけた。アスクとはトネリコの木という意味である。

北欧神話ではモクセイ科のトネリコは神聖な木として重視され、世界を表わす宇宙樹ユグドラシルもトネリコの大木とされる。人の形を作り出した神々はこの人間2人にそれぞれにふさわしい贈り物として命や能力を与えた。オーディンが彼らに命と息を吹き込み、ヴィリが思考力と感情を、ヴェーが視力と聴力をそれぞれ与え、命や感情、物を見て聴くことができる人間が完成した。そして、彼らを巨人の攻撃から守るために、ユミルの眉毛で作られた塀（へい）に守られたミズガルズと呼ばれる場所に住まわせた。この2人が人類の祖先となる。

第3章

ケルト神話のミステリー

円卓の騎士

押さえておきたい！

ケルト神話あらすじ

アイルランドが舞台のロマンと戦いの物語

ケルト神話は、主に現在のアイルランドを舞台に展開される物語群で、その担い手はケルト人である。ケルト人は、もともとヨーロッパのドナウ川上流に住んでいた遊牧民族で、紀元前後には西ヨーロッパ全域に拡散して勢力を誇った。大陸に拡散した「陸のケルト」はローマ帝国やゲルマン民族に押されて衰退した一方、海を渡ってアイルランドやブリテン島に渡り生きのびた「島のケルト」がケルトの文化を守り続け、主にアイルランドに神話が伝えられた。

この神話は、「ドルイド」と呼ばれる、魔術を使い、人々の生活に絶大な影響力を持った僧侶(そうりょ)たちによって語り継がれた口承神話である。それがキリスト教の勢力がイギリスまでに及んだ際、文字として記録に残されるようになり、今に伝えられた。

ケルト神話はいくつかの物語群で構成されており、大別すると「来寇(らいこう)神話」「アルスター神話群」「フィン物語群」「マビノギオン」「アーサー王伝説」である。

魔女や妖精など異界の者たちも多く登場し、ファンタジー神話ともいわれている。

また、体系化されていないため、国の成り立ちを示す創世神話も登場せず、創造神も存在しない。加えて、霊魂の不死と輪廻転生の思想が介在し、神話の登場人物たちもこの世とあの世を自由に往来するという特徴を持っている。

ケルト人の祖先がこの地を支配するまで

神話の始まりは、「来寇神話」で、まず神の起こした洪水から逃れたノアの子孫が「エリン」と呼ばれるアイルランド島に入植する。その子孫が絶えた後、5つの種族が次々にやってきては興亡を繰り返すこととなる。

このうち、4番目にエリンへ上陸した種族が神とも呼ばれるトゥアハ・デ・ダナンで、その王ヌァザは先住民族を敗走させ、妖魔のフォーモリアも倒して支配者となり、エリンを発展させる。しかし、続いて上陸してきたミレシア族に支配権を奪われ、トゥアハ・デ・ダナンは地下などに逃れた。そして、トゥアハ・デ・ダナンを追いやったミレシア族がケルト人の祖先となる。

続く「アルスター神話群」は、それからはるかのち、アイルランド北部に興ったアルスター王国の物語である。主人公は、勇敢な戦士クー・ホリンだ。

彼はアルスター国を守るため、コナハト国の女王メイヴとの戦いで魔術をかけられ戦えなくなったほかの戦士たちの代わりに孤軍奮闘し、勝利をもたらす。しかし、メイヴの放った刺客に殺されてしまうのだった。

さらに時代が下り、「フィン物語群」は、アイルランドを守るフィアナ騎士団の物語である。その頃、騎士団の内部では、バスクナ氏族とモーナ氏族が勢力争いを繰り広げていた。バスクナ氏族の団長クールがモーナ氏族の娘と恋に落ちるも殺されるという事件ののち、遺児として残されたフィン・マックールはドルイドに育てられ、やがて賢者から「知恵の鮭」を授けられ、偉大な知恵を示すようになった。

フィンはアイルランドの王都を狙う怪物を倒し、騎士団長になると、騎士たちを率いて異界の怪物や海外からの脅威に果敢に立ち向かう。しかし、晩年は婚約者の取り合いで戦士ディルムッドを殺害し、信望を失ってしまう。やがて騎士団は、フィンの孫の時代、騎士団の勢力伸長を嫌った王に討伐されて壊滅した。

「マビノギオン」はウェールズ地方の物語である。ウェールズのダヴェドを治めるプリデリを主人公とする4つの物語（マビノギ四枝）のほか、第7枝からはアーサー王と円卓の騎士にまつわる物語が展開される。

アーサー王と騎士団の勇敢でロマンチックな物語

アーサー王は5から6世紀のブリテン王だったとされる人物で、誰も抜けなかった剣を抜いて王になったとされる。聖剣エクスカリバーを手に入れたアーサー王は、ランスロット、トリスタンら優れた騎士を集めた。一同が平等である証として円卓の周りに座り「円卓の騎士」を結成する。

彼らはイングランド中をめぐって、怪物退治やキリストの流れた血を受け止めた聖杯探しなどの冒険譚を繰り広げる一方、宮廷においては、ロマンチックな恋愛物語を展開する。トリスタンの物語など騎士の物語も多い。

しかし、アーサー王は最後、騎士のひとりに裏切られ、さらにアーサー王から王位を奪った甥に返り討ちにされ、その傷を癒すため妖精の国アヴァロン島へと姿を消した。そこで亡くなったとも、姿を消したともいわれている。

1 なぜ、ケルト神話に「天地創造神話」が存在しないのか

聖書やギリシア神話など、世界の神話・伝説は、天地がいかに作られたかという天地創造、天地開闢(かいびゃく)から書き起こされるのが定番である。天地創造神話は、すべての始まりを語るだけではなく、万物の支配権を説明するなど極めて重要な役割を持つ。

ところが、不思議なことに**ケルト神話には天地創造が語られていない**。いかにして世界が造られたかという説明はなく、アイルランドにさまざまな種族がやってくるところから始まるのだ。いったいなぜだろうか。

これについては、天地創造神話は存在していたが、口承によって伝えられてきたケルト神話は、ドルイドによって他言を禁じられていたため、文字に残らなかったのではないかといわれている。

逆に、もともと天地創造神話は存在していなかったという説もある。ケルト神話を伝えたドルイドの教えが、天地創造を考えたり、推測したりすることを許さなかった

というのである。

ケルト民族は、天地の原初よりも国の成り立ちや民族の歴史を重視していた傾向があり、天地創造を必要としなかったのかもしれない。

∞「空が落ちてくる⁉」「海に飲み込まれる⁉」

ただし、ケルト民族が天地の構造についてどのように考えていたのか、それを知る手がかりは残されている。

現実に、ケルト民族は紀元前4世紀、アジアを征服しようとしていたアレクサンドロス大王に対し、**「空が落ちてくることを一番恐れている」「海が飲み込まないかぎり」**などと語ったといわれ、空が墜落（ついらく）する、海があふれると信じていたことがわかる。

また、ケルト神話では、父なる神ドンは地下と暗黒世界の神であり、神は地下から地上へとやってきたという考えだったようだ。ドンは災いと恵みの神であり、嵐で船を難破（なんぱ）させる一方、作物を実らせる神と考えられていた。

これらからケルト神話では、その生成については謎であるものの、空が落ちてくる、海があふれる、地下から神が来るという感覚にヒントが隠されているのかもしれない。

2 なぜ、この神話に「妖精」がたくさん登場するのか

ケルト神話は、多種多様な**妖精**たちが登場することで有名だ。

妖精といえば、小さく、背中に羽が生えている愛らしい姿を思い浮かべるが、そのほかにも、ボロをまとった老女や馬や猫、鬼火のような多様な姿で現われる存在である。

このように、ヨーロッパは妖精の宝庫ともいえるが、それもそのはず、妖精の正体はこのケルト神話にあるともいわれているのだ。

では、妖精の正体とはいったい何だったのか？

姿を変えた「魔法使い」たち

ケルト神話を記録した『侵略の書』によると、ケルト人が上陸する前のアイルランドでは、方舟（はこぶね）に乗って大洪水を生き残ったノアの孫セゼールに率いられたヴァン族が

移住してきたのを皮切りに、パーソロン、ネメズ、フィル・ボルグ、トゥアハ・デ・ダナンと次々と民族がやってきて興亡を繰り返したとある。

そして、最後にイベリア半島からやってきたケルト人の祖先ミレシアが、アイルランドで覇権を握っていたトゥアハ・デ・ダナンとの戦いに勝利し、彼らを地上から追い出したのである。

アイルランドを追われたトゥアハ・デ・ダナンは、女神ダヌを祖とし、魔術を使う民族だったという。

彼らは海のかなたにあるという常若(とこわか)の国や地下、墳丘(ふんきゅう)などの異界に逃れると、目に見えない妖精に姿を変え、生き残ったのだそうだ。

また、彼らは戦いを好み戦闘的だったが、病を治す力など不思議な力も持っていた。時には人の病気を治したり、嫌いな人間には乱暴を働いたり意地悪したりと、ケルト人に干渉しながら暮らしたといわれている。

ヨーロッパに伝わる愛らしい妖精の正体は、なんと**ケルト人に敗北して姿を変えた魔術使いの民族**のなれの果てだったのである。

3 なぜ、「大鍋」遺跡がダグダの墓といわれるのか

アイルランド東部の世界遺産、ブルー・ナ・ボーニャ遺跡群にある墓のひとつ、ニューグレンジ。

じつはこの墓、トゥアハ・デ・ダナンの神ダグダの墓だという言い伝えがある。

ダグダは赤毛で太鼓腹の大男とされる神で、巨大な棍棒を振るい一撃で9人を倒し、骨をあられのように飛び散らせるという怪力の持ち主。さらに50人分の粥(かゆ)をことなく平らげる大食漢(たいしょくかん)で、無限に食べ物を生み出す大鍋を持つ豊穣の神でもあった。

敵対するフォーモール族から偽りの歓待(かんたい)を受けた際には、大量の粥を提供され、残したら殺害の口実にされるところだったが、これをすべて平らげて見せた。しかし、腹が膨れ上がりフォーモール族に大笑いされたという。その後、フォーモール族の王女エヴァと出会ったダグダは、彼女を口説き落として交わり、エヴァにフォーモール族を足止めしてもらい、まんまと逃げおおせたという性欲の旺盛(おうせい)ぶりまで伝わる。

まるで古墳のようなニューグレンジ遺跡。この中に大鍋が……

鍋のような石が並ぶ石室

では、ニューグレンジがなぜ、ダグダの墓だと考えられているのだろうか？

そもそもこの場所は、ダグダの宮殿があった場所といわれており、彼にゆかりのある場所なのだが、それだけではない。

石室（せきしつ）の内部は3つの部屋に分かれているのだが、北側の石室にはなんと鍋のような形をした石が2つ並べられていたのである。これはダグダが持っていた無限に食べ物が湧き出る大鍋を思わせるものだ。

鍋はダグダにとってシンボル的存在であり、力の源となる大切な持ち物。そのため副葬品（ふくそうひん）として一緒に埋葬されたのかもしれない。

4

なぜ、この「生贄」がローマ人たちに恐れられたのか

トゥアハ・デ・ダナンの神々などを信仰した「島のケルト」に対し、「大陸のケルト」で信仰された神にはテウタテス、エスス、タラニスがいる。

テウタテスは部族の神という意味を持ち、エススは王の意、そしてタラニスは雷の神とされる。

これらはローマ神話の神々にも擬せられ、ローマ側に記録されたが、それによると**生贄を好む神**だったという。

実際、ガリア人（ケルト人）には季節の儀式や戦争、疫病流行の際に人間や動物を生贄として捧げる習わしがあった。

とはいえ、生贄はほかの民族でも行なっており、とりたてて珍しいことでもなかったはずである。ところが、ローマ人はなぜかこの神々、特にタラニスに捧げる生贄の方法に恐れをなしたという。

無実の人を檻に詰め込んで火あぶりに⁉

テウタテスは溺死（できし）、エススは柳（やなぎ）の枝にナタを振るう姿からか、首吊りの生贄を好んだとされる。では、ローマ人をことさら震え上がらせたというタラニスに捧げた生贄とは、どのように命を奪われた人々だったのか？

カエサルの『ガリア戦記』などによると、この神への生贄は**ウィッカーマン**を使った方法で殺された者だったという。ウィッカーマンとは、木の枝を編んで作った巨大な人形である。その**手足や胴に生きた犯罪者などをたくさん詰め込み、火あぶりにして焼き殺した**という。犯罪者を捧げれば神も喜ぶと、犯罪者が生贄の対象とされたが、足りない場合は無実の人を詰め込んで焼き殺すこともあったというから恐ろしい。巨大な木の檻（おり）に人間が押し込まれ、焼き殺されたのである。

この見るも悲惨な方法がとられたのは、タラニスが雷を司るためか、焼死を好む神だったからである。

これについては後世の創作という考えもあるが、紀元前1世紀の報告にもガリア人がこうした祭祀を行なっていた記録が残されている。

5 なぜ、大活躍したにもかかわらず、ヌァザは王位を譲ったのか

次々と支配者が移り変わった古代アイルランドに、5番目に上陸したトゥアハ・デ・ダナン族は、先住のフィル・ボルグ族を倒してアイルランドの支配者となった。

この戦いで、トゥアハ・デ・ダナンの王**ヌァザ**は、腕を切り落とされながらも一騎打ちで敵を倒すなど大活躍した。この後、当然彼がそのままアイルランドの王位につくと思いきや、なぜか王位をブレスに譲り、隠遁（いんとん）生活に入ってしまう。そしてその後、ブレスが暴君と化したため、ヌァザがブレスを倒して王位に返り咲くこととなる。

高齢になった王の行く末

この神話から、時のケルト王の意外な条件が浮かび上がってくる。

ポイントは、ヌァザが腕を切り落とされて王位を失ったが、のちに王位に復帰したという点にある。実は、この過程でヌァザは、銀製の義手（ぎしゅ）を製作してもらい、失った

腕を取り戻しているのだ。そう、ヌァザが当初、王になれなかったのは、腕を失っていたからである。つまり、当時の**ケルトの王は血筋ではなく、五体満足であることが必須条件だった**ことがわかる。王たる者は肉体的、精神的に健康でなければならず、負傷すれば王失格とみなされてしまったのである。

これは、当時のケルトの人々が王に対して、他国との戦いに勝利し、国を繁栄させる統率力を求めており、それにたえうる完璧な人物を王に望んだからにほかならない。当時の王は、騎士や市民の上には立っていたが、絶対的君主とはいえず、王としての役割を果たさないと国民からの信頼を失うこととなった。

では、そうした頑強な王はどうやって決められたのだろうか？

じつは王の選出は国民による選挙でもなければ、自分の実力で奪うものでもない。神話には登場しないが、神と神官によって決められていたことがわかっている。神官が2頭の生贄とされた牛の肉を食べて眠り、夢のなかに現われた者が新しい王になったとされる。また、王が高齢となると、次の王を選ぶ儀式が行なわれ、王は剣で刺され、その血の出方によって次の王となるべきものを占ったという伝説もある。まさに、神に選ばれしケルトの王であった。

6
なぜ、ケルト神話にはたびたび「魔法の大鍋」が登場するのか

ケルト神話を読んでいると、あるアイテムがたびたび登場することに気がつく。それは大鍋。**神々や英雄の持ち物のひとつとして大鍋が何度も登場する**のだ。

もちろん普通の鍋ではない。英雄のために食べ物があふれるダグダの大鍋をはじめ、不老不死の力を与え死者を再生させるゴヴニュ、マナナーンの大鍋、乳牛30頭分の牛乳が入るクー・ホリンの大釜など魔法の力を持つ鍋である。ほかにも9人の処女の息で火をつける大鍋などが、アーサー王伝説にも登場しており、鍋に対するケルト人の強いこだわりを見ることができる。

ディズニーアニメにも引き継がれた「力の象徴」

ケルト神話はまさに「鍋尽くし」ともいえそうだが、なぜ、ケルトの人々はこれほど大鍋にこだわったのだろうか？

ケルト神話に登場する大鍋

ダグダの大鍋
無限に食べ物を生み出し、人々を満足させる大鍋

ゴヴニュ、マナナーンの大鍋
不老不死の力を与え、死者を蘇らせる大鍋

フィル・ファルガエの大釜
乳牛30頭分の牛乳が入る大釜

アンヌヴンの大鍋
9人の処女の息によって火が起こされる大鍋

アイルランドの大鍋
死者をひと晩煮込むことで、蘇生させる力を持つ大鍋

その背景には、古代ケルトの鍋信仰がある。

古代ケルト社会では、肉を茹(ゆ)でたりワインを温めたりする鍋は、重要な生活の道具であり、豊穣の象徴とみなされていた。そこから聖水を入れたり、死者の骨を入れて埋葬したりする祭器としても用いられていたのである。

日々の命をつなぐ豊穣の象徴だった鍋は、こうして死者を再生する力を持つと考えられるようになった。なんと、戦死した勇者を鍋に入れて煮詰めると、翌日に蘇るとさえ考えられたという。鍋が**豊穣と再生の能力を持つ魔法の祭器**とみなされて重視されたのである。

ディズニーアニメ『コルドロン』でも、大鍋の力により、骸骨(がいこつ)の兵士が蘇る描写が見られ、ケルト神話の影響がうかがえる。

7 なぜ、ケルトには不思議な「生まれ変わり話」が多いのか

洋の東西を問わず、人類は「死後の世界」を語り継いできた。死後の世界は誰も見たことがないだけに、その地域の考え方などが出やすい部分でもある。では、古代ケルト人が思い描いた死後の世界、死生観とはどのようなものだったのだろうか？

それが垣間見えるのが、ケルトの不思議な生誕神話である。英雄クー・ホリンは小さな虫となって母親の体内に宿り、産まれたとされる。また、ウェールズの女神ケリドウエンの子タリエシンは、ウサギ、犬、魚、カワウソ、タカ、麦と次々と生まれ変わった末に女神の子として産まれ、トァン・マッカラルも鹿、イノシシなどへと生まれ変わっている。

生まれ変わるという伝説からわかるように、古代ケルト人は日本人と同じく**輪廻転生を信じていた**ようだ。

輪廻転生とは、人間の霊魂は宇宙の万物と同じように不滅であり、一定の期間のの

ち、魂が他の肉体に生まれ変わるという考えである。ケルト神話では、太陽が軌道を運行するように、魂も永遠に回り続けると考えられたのである。

楽園だった「死後の世界」

ただし、日本の死生観と異なるのは、死後の世界を来世へ生まれ変わる前の休息の場、次の「生への入り口」と考えていたことだろう。

その場所は、アイルランドでは「ドンヌ」、ウェールズでは「アヌン」と呼ばれていた。それがある場所は地域によって違うが、その多くは地下や海のかなたなどにあるらしい。何より興味深いのは、いずれも幸福に過ごせる異界の楽園だったことである。

これらは太陽が輝き緑にあふれる場所で、若い男女や神々、妖精がおり、災害や病気もなく、衰弱することもない。食べ物や酒は満ち、楽しく遊び暮らした。そのため、ケルト人にとって**死は恐怖ではなく、楽園での穏やかな暮らしへの生まれ変わりを約束するもの**だった。ドルイド僧は魂の不滅と幸福な他界について熱心に説いたという。

この転生を信じたからこそ、カエサルが『ガリア戦記』で、「死を恐れない勇敢なケルト人」と評したような戦いができたのだろう。

8 なぜ、遠く離れたケルトとインドに同じ神話が残っているのか

今はアイルランドを中心に文化を伝えるケルト人だが、紀元前1世紀頃にはヨーロッパ全域、トルコ付近まで広がっており、当時のローマでは「ガリア人」、聖書などでは「ガラテア人」と呼ばれていた。

そのため、ケルト神話がヨーロッパの神話と関わりが深いのは、ある意味当然といえる。

ところが不思議なことに、地理的に遠い**古代インドの叙事詩との共通点**の多さも指摘されている。

たとえば、ケルトのアルスター神話群の『クーリーの牛奪取（だっしゅ）』と、インドの叙事詩『マハーバーラタ』には手品と賭博（とばく）の場面など同じような物語が登場する。また、『リグ・ヴェーダ』に登場する神宝（しんぽう）、ケルトの神宝がともに王権、戦闘、豊穣の役割を持つなど、共通要素が散見されるのである。

そもそも、インド叙事詩は権力者によって伝えられ、ケルト神話は庶民によって受け継がれてきた物語である。このように、伝承の方法も対照的で、地理的にもかなり遠く離れている2つの神話に類似点が多いのはなぜなのだろうか？

遠い記憶でつながった民族

その理由については、19世紀にアイルランドがインド叙事詩の影響を受けたからではないかという説がある。この時期のアイルランドの詩人たちはインド叙事詩の翻訳をするなどしており、何らかの影響を受けた可能性がある。

だが、根本的には、両者が属するインド・ヨーロッパ語族の間に共通する神話もしくは叙事詩があり、それを原型にしたのではないかと指摘されている。

諸説あるものの、インド・ヨーロッパ語族の起源は南ロシアの草原地帯とされ、そこから言語が広まった。つまり、今のヨーロッパの大半の言語、ロシア、インドなどの言語は同じ起源を持っていたのである。**ケルトとインドは距離としては遠くても、共通の言語を起源としていたため、かつては同じ神話が語られていた**はずである。それが遠い記憶でつながった2つの民族に同じ神話をもたらしたのかもしれない。

9 なぜ、神話のアーサー王は「実在した説」が絶えないのか

アーサー王といえば、「これを引き抜いた者は王となるだろう」と刻まれた台座に刺さった剣を引き抜いたエピソードが有名だ。勇者が誰にも抜けない剣を引き抜き認められる展開は、もはやお決まりと言ってよいほどであり、アーサー王の伝説が後世の創作に与えた影響がいかに大きいかがわかる。

彼はブリテン島を本拠とし、ローマ兵が撤退（てったい）した後、アングロ・サクソン族などの侵入からブリテン島を守り抜いたケルトの英雄として伝えられている。トリスタンやランスロットなど、円卓の騎士を従えたさまざまな冒険物語でもよく知られる英雄である。

ただし、アーサー王の実在を示す証拠はなく、あくまで伝説の存在とされてきた。または当時、ブリテン島を守るために戦った複数の戦士たちを合わせて創作された人物ではないかとも考えられてきた。

一方で、アーサー王の実在説を信じる人も少なくない。

9世紀に書かれた『ブリトン人の歴史』では、サクソン人を相手に12回戦って勝利したアーサーという指導者がいたことが記されている。この書物の真否は定かではないが、一部の学者はこの人物こそがアーサー王ではないかと唱えてきた。

いずれにしろアーサー王が実在したのであれば、王が居城（きょじょう）とした光り輝くキャメロット城も実在したはずであると、キャメロット探しが長きにわたり行なわれてきた。

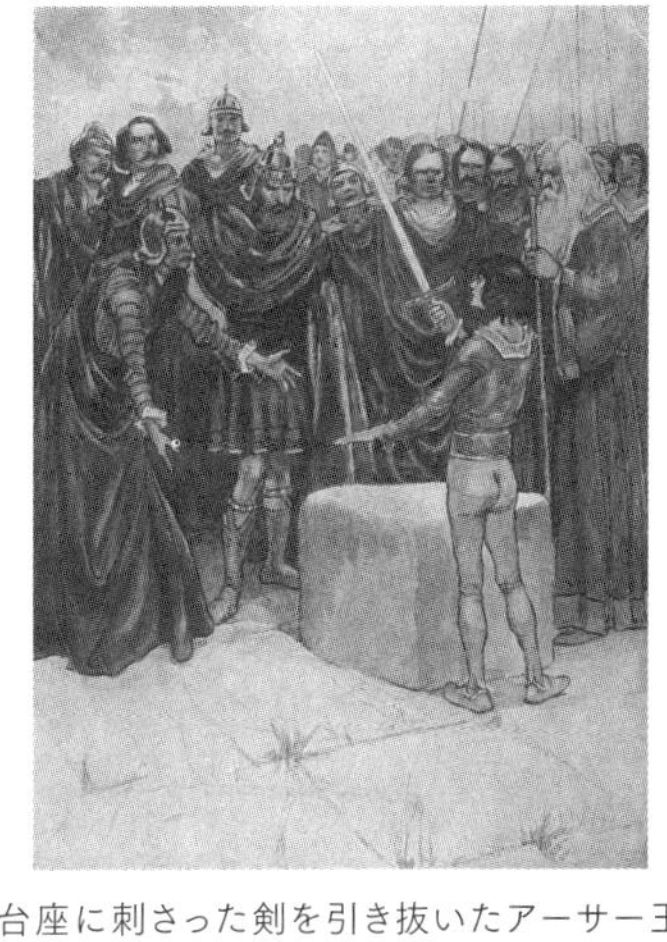

台座に刺さった剣を引き抜いたアーサー王

残念ながらいまだに場所は特定できていないが、6世紀にブリテン島で起こった戦いの指導者とアーサー王を結びつけ、ある場所をキャメロットの候補地と定める説もある。それが、サマセットのキャドバリーヒルにある丘陵要塞（きゅうりょうようさい）である。

ここからは、5世紀頃の城塞跡（じょうさいあと）が発見されており、アーサー王の伝説の時期とも符合する。また、この要塞には壮大な規模の「大広間」があったことがわかっている。

ローマ兵がブリテン島から撤退した後、外敵の侵攻に備えて砦に同地の軍事指導者が入っていたといわれ、その人物がアーサー王だった可能性もないとはいえない。

要塞の近くにある村が、アーサー王最後の戦い「カムランの戦い」の候補地であることも、この地がキャメロットではないかという可能性を抱かせる理由のひとつである。

高名なるアーサー王、ここアヴァロンの島に眠る

アーサー王の城キャメロット探しが行なわれる一方、同時に注目されたのはその埋葬地である。伝説によると、アーサー王はカムランの戦いで甥のモルドレッドを倒したものの致命傷を負い、アヴァロン島へ運ばれたという。その後の消息については、島から出られなかったとも、ここに埋葬されたともいわれている。そして、ブリテン島が危機に陥った際には舞い戻って救うと信じられていた。

アーサー王がアヴァロンの地に埋葬されたという説が事実であれば、墓が残されて

いるはずである。しかし、このアヴァロン島がどこにあるのかはっきりしていない。

一説によると、イングランドにあるグラストンベリーではないかと推測されている。もともとこの地にあるグラストンベリー修道院には、聖書に登場するアリマタヤのヨセフが、キリストの血と汗を入れた聖杯を運び、イギリス最初の修道院を建てたというキリスト教の伝説がある。そうした聖杯伝説の場所にふさわしく、じつはここからはアーサー王の墓が発見されていたのだ。

時は12世紀、イングランド王リチャード1世の支援によりこの地で発掘が行なわれた結果、アーサー王の墓が見つかったという。何よりの証は発見された十字架に**「高名なるアーサー王、ここアヴァロンの島に眠る」という碑文が彫られていた**こと。墓穴からは身長が2・4メートルもある男性の遺体が見つかったのである。

ただし、この地はアヴァロン島と異なり、島ではないためつじつまが合わない。

とはいえ、中世当時、修道院のあるトーと呼ばれる丘一帯は沼に囲まれた湿地帯だった。完全な地続きではなく、周囲から浮いてそびえるような姿が、島のように見えたのかもしれない。

アーサー王の「帰還」が現実のものとなる日は来るのだろうか。

10 なぜ、ケルトの英雄たちは〝一騎打ち〟をしたがるのか

太陽神ルーとアルスター王の妹との間に生まれた英雄、**クー・ホリン**の武勇伝(ぶゆうでん)を語るアルスター神話において、多く登場するのが一騎打ちのシーンである。

クー・ホリンは女神のオイフェとの戦いでも一騎打ちで決着をつけているし、コナハトの女王メイヴとの戦いでは、アルスターをひとりで守るクー・ホリンに対し、女王側の戦士が毎日ひとりずつ一騎打ちを挑んでくると、彼はこれを次々に倒していった。

こうした一騎打ちは、クー・ホリンに限ったことではなく、ケルト神話のほかの英雄の戦いにおいても多く登場する。しかも、大規模な戦闘でも、毎日異なる戦士が一騎打ちを繰り返しているのだ。通例、大勢で一斉に襲いかかるのが戦いのセオリーであり、一騎打ちとはあまりにも効率が悪い。にもかかわらず、なぜケルト神話の戦いの場面では、一騎打ちの描写が数多く登場するのだろうか？

それは、これがケルトの一般的な戦闘スタイルだったからである。人口が少なく、

戦いに参加する**人的資源が不足していたケルトでは、人数を多く集めて大軍同士で雌雄を決するような戦い方ができなかった**のだ。そのため両軍が強者を代表で選んで決闘させる、一騎打ちのスタイルが好まれた。この時、まずは歌で相手を非難して気力をくじいてから戦いに臨み、どちらかが死ぬまで戦ったという。

「敵の首を取る」――まるで戦国時代!?

また、初陣(ういじん)でフォイルの頭を叩き潰したクー・ホリンは、首を斬り落として持ち帰っているが、これもケルト人の戦いではおなじみの光景である。

ケルト人は敵兵の首を斬り取って持ち帰ることが多く、〝首狩り族〟と呼ばれて恐れられていた。ただし、それはケルト人が残忍だったからというわけではない。ケルト人は、人の頭部を魂が宿るものと崇拝しており、死を寄せ付けない神秘の力を持つ護符として大切にしたのである。

そのため、ケルト人は持ち帰った首を神殿に祀って神に捧げたという。

このようにケルト神話には、古代ケルト人の戦闘の実相が反映されており、軍事史的にも大変興味深いものとなっている。

人類誕生物語 3 ケルト神話

神々を地下世界へと追いやったミレシアの子孫がケルト人となる

ケルト神話には「天地創造」の物語がない。こうなったのは、先に述べた通り口承神話だったため、天地創造を考えることを禁じられていたため、などの説がある。アイルランドに次々と民族が入植する「来寇神話」によれば、最初の入植者、神の大洪水を生き延びたノアの子孫と一族が病気で滅びると、

①パーソロン
②ネメズ
③フィル・ボルグ
④トゥアハ・デ・ダナン
⑤ミレシア

と次々に入れ替わり、⑤のミレシアがケルト人の祖先となったといわれている。

なお、島を追われた④のトゥアハ・デ・ダナンは、地下や異界へと去り、ヨーロッパ各地に伝承される「妖精」となったという。

第4章

オリエント神話のミステリー

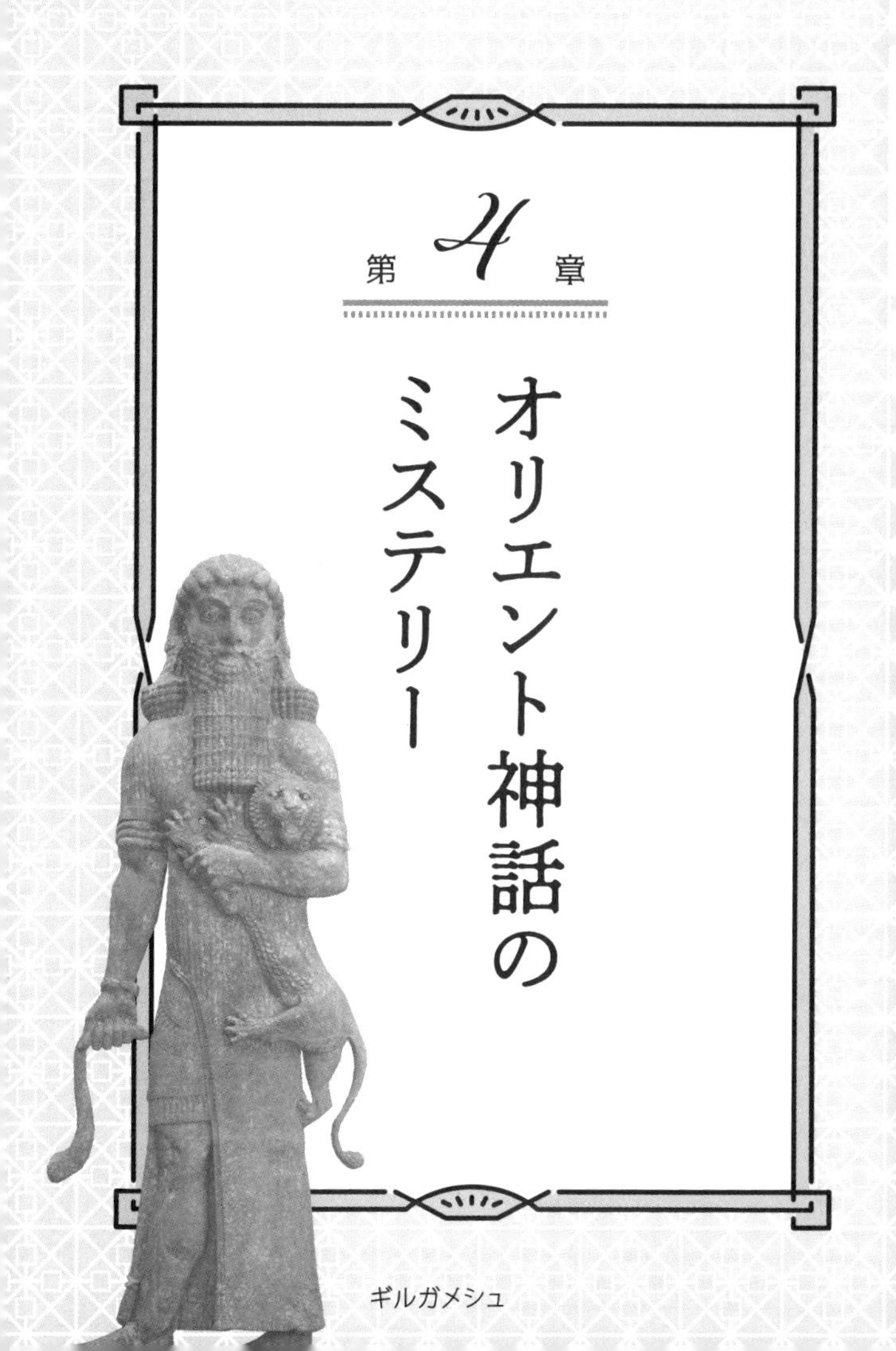

ギルガメシュ

押さえておきたい!

オリエント神話あらすじ

神話のゆりかごとなった世界最古のファンタジー

オリエント神話はメソポタミア神話とも呼ばれ、世界四大文明のひとつ、メソポタミア文明圏のなかで生まれた神話である。この神話は紀元前4000年頃、ティグリス川とユーフラテス川にはさまれたメソポタミアの覇権を握ったシュメール人が、石板に楔型(くさびがた)文字で物語を記したのが始まりとされる。

その後、この地に侵入したアッカド人が神話をほぼそのまま継承し、この後もさまざまな民族が侵入して興亡を繰り返すなかで複雑化。おもにシュメール系とアッカド系の神話が重複しながら、いくつもの物語として醸成(じょうせい)された。文字に残された世界最古の神話であり、世界各地の神話の源泉のひとつになったとみられている。

その特徴としては、複数の物語群から成るため、バアル、エル、マルドゥクなど有名な神はいるが、絶対的な最高神にあたる神はなく、神々の顔ぶれも重複したり異なったりしている点が挙げられる。また、メソポタミアの人々があらゆる自然現象を信仰の対象としたため、多くの神が生まれた。一方で、次々と異民族の侵攻を受けた歴史的な背景から、すべてに死は訪れるという現実的な考えに覆われているのが特徴である。

ギルガメシュが死を受け入れる

そのあらすじは『エヌマ・エリシュ』の創世神話から始まる。万物の母ティアマトが新世代の神マルドゥクに切り裂かれ、ティグリス川とユーフラテス川が生まれる。そして、ティアマトの息子の血から神々のために労働する存在として人間が生まれた。

続く『アトラハシス物語』は洪水神話で、神々は増えすぎた人間を洪水で滅ぼすが、アトラハシスとその家族のみ、船の中にいて破滅を免れた。

最も有名なのが『ギルガメシュ叙事詩』だろう。ウルクの王ギルガメシュが親友エンキドゥと冒険を繰り広げる。そのエンキドゥを亡くしたことから、ギルガメシュは不死を求める旅に出て、壮大な冒険ののち、死を受け入れるというストーリーだ。

このほかにも美の女神イシュタルが地下に降りていく『イシュタルの冥界下り』や、アッカド王朝の創始者サルゴンが捨て子から苦難を経て王になるまでの『サルゴン伝説』、鷲のアンズーが神のタブレットを盗み出す『アンズー神話』などがある。

1 なぜ、「ハンムラビ法典」の序文はこの一文から始まるのか

オリエント神話の主神の1柱である**マルドゥク**は、水神エアの子で、4つの目と耳、2つの頭を持ち口から火を噴くという異相(いそう)の姿で表現された。

竜神アプスを殺されたことに怒った原初の神ティアマトが暴れだした際、神々の先頭に立ってティアマトを倒し、その死体から天地を創造、さらに神に奉仕する人間を作り出した創造神でもある。

まさに主神と呼ぶにふさわしい神だが、このマルドゥク、じつはもともとバビロンの一地方で信仰されていた神で、それほど大きな勢力を持つ神ではなかったとされる。

政局に左右された主神

では、一地方の神にすぎなかったマルドゥクが「主神」の座に躍(おど)り出たのはなぜか。

その背景には、ある政治的な思惑(おもわく)が隠されていたという。立役者はバビロニアを統

一したバビロンの王ハンムラビである。

じつは、マルドゥクが主神に台頭した時期は、ウル第3王朝の崩壊後、混乱していたバビロニアをハンムラビが統一し、バビロン第1王朝を打ち立てた時期と合致するのだ。この時、さらにメソポタミア文化の合一と権力強化を狙ったハンムラビが、首都バビロンの都市神・マルドゥクをメソポタミアの主神へと引き上げたのではないかとみられている。

当時、王権は神に由来すると考えられていたため、ハンムラビは**自分の都市の守護神を主神につけることで、自身の支配の正統性を示そうとした**のである。マルドゥクがメソポタミアの主神となる経緯を記す『エヌマ・エリシュ』の成立も、バビロン第1王朝成立以降の時代のこととみられている。

その証に、ハンムラビが作ったとされる『ハンムラビ法典』の序文は、「アヌとエンリルがマルドゥクにエンリルの栄誉を与えた」と書き起こされ、「マルドゥクが私(ハンムラビ王)に民を正しく導き、規律を教えるように命じた」ともある。

つまり、マルドゥクがエンリルの後継となるバビロニアの主神であり、ハンムラビはそのマルドゥクに認められた王であるとその地位を裏付けているのである。

2
なぜ、アダムの初妻リリスは悪魔として恐れられるのか

聖書に登場する最初の人類**アダム**の妻といえば**エバ**の存在が知られるが、ユダヤの伝承によると、実はエバは後妻で、その前に**リリス**という妻がいたという。

リリスはアダムと同時に作られたが、アダムに従うことを拒否してエデンを去り、砂漠で悪魔と交わって1日に100匹もの悪魔を産み落とした。その後はアダムとの間にも魔物をもうけたとも、アダムのもとに戻った時、すでにエバがいたため妻になれず、砂漠に取り残されたともいわれている。

子供をさらう夜の妖怪

こうした伝説から、リリスは妊婦(にんぷ)や子供に死や病気をもたらし、子供をさらう夜の妖怪として恐れられた。また、男性を誘い込んで襲ったともいわれている。

ただこのリリス、発祥(はっしょう)はユダヤの伝承ではないという。では、どこで生まれ、どん

な魔物をルーツとしていたのだろうか？

その起源はメソポタミア神話にあり、リリ、リリトゥ、アルダト・リリーら鬼神と、ラマシュトゥという魔物が原型といわれている。

すべて女の魔物で、リリやリリトゥは妊婦や子供に病気や死をもたらした。リリトゥは恐ろしい翼を持っていたという。

また、アルダト・リリーは「嵐の精霊」で、出産直後の女性に取り憑いたり、乳幼児を死に追いやったりした。男を誘惑して不能にしたりもしたという。

リリスの体には大蛇が!?

そしてライオンの頭を持つラマシュトゥも女性に病をもたらす恐ろしい存在だった。

つまり、リリスのパーソナリティーは、これらの**魔物たちの性質を合体**させたかのような特徴を持っているのだ。

3 なぜ、嵐の神バアルの神殿はオリエント各地にあるのか

バアルはカナン（パレスチナ）において嵐の神、作物に実りをもたらす豊穣神として篤く崇拝された神である。最高神エルの子とされ、彫像では右手で剣を振りかざし、左手で稲妻(いなづま)を握る若い戦士か、角を持った牡牛の姿で表現されることが多い。

最高神エルに代わって権力の座につき、王権を狙う海の神ヤムを斧で打ち倒したバアルは、神々の賛同を得て王となった。死の神モトとの決戦では、死者の食物を食べて一度死んでしまうが、これを悲しんだ妻アナトがモトに戦いを挑んで勝利したため、蘇ることができたという逸話が伝えられる。こうしたバアルの死と再生は植物の循環と結びつけられ、食物を司る神、豊穣神としての性格を体現するようになった。

王権を司り、豊穣の神として崇められたバアルは、シリア・パレスチナ、エルサレムからエジプトまで古代オリエント全域に神殿が築かれるほど篤く信仰された。古代オリエントでは神々の一般的な名称としてバアルの名が用いられたほどだったという。

崇敬された神がやがて悪魔の扱いに

ところが、古代オリエントでは崇敬を集めたバアルも聖書においては一転、徹底的に嫌われた存在となった。旧約聖書にベルゼブブ（蝿(はえ)の王）や「悪霊の頭ベルゼブル」と書かれ、もはや憎悪の対象となり、悪魔にまで貶(おとし)められているのだ。

なぜ、崇敬の篤い神が、聖書では悪魔にまで成り下がってしまったのか。

その謎の真相は信仰の対象に隠されていた。旧約聖書の「士師記(ししき)」には、イスラエルの民が異教の神であるバアルへの信仰に傾倒したことに神が怒り、異民族にイスラエルの土地を侵略するよう仕向ける描写がたびたび登場する。

カナン先住民の神として古くから信仰されていた豊穣の神であるバアルは、民衆にとってもわかりやすい神である一方、イスラエルの民が信仰する神は、厳しい戒律を課す見えにくい存在であった。よって、人々が心酔しやすいバアルは**民の信仰を脅(おびや)かす悪魔に等しい存在**だったのである。

また、バアル信仰には女神との性的交渉が豊穣をもたらすという考えがあり、これにヤハウェを信仰する人々が反発したという背景もあったようだ。

4 なぜ、エルは神々の王の座も妻も奪われてしまうのか

カナンの神話に登場する神バアルは、父エルから最高神の地位を取って代わったことは前述したが、この権威の移譲(いじょう)は穏便(おんびん)に行なわれたわけではない。

エルももとは、全知全能、大地を創造した権威のある最高神でサフォン山にある宮殿で**神々の王**として君臨していた。

それが、晩年になると若い神々の勢力に押され、息子のバアルに王権ばかりか妻も奪われてしまったとされている。その後は年老いて、零落(れいらく)していく存在として描かれており、同情を禁じ得ない扱いとなっている。

ただし、創造神がやがて年老いて表舞台から身を引き、主神としての地位を若い神に譲るというモチーフは各地の神話にみられ、珍しい内容ではない。エルの王権交代は、カナンの都市国家ウガリットの社会で、それぞれの神を信仰する勢力が対立して争った歴史を反映しているという見解もある。

なんと、敵民族の神に転身！

ところが、零落したエルはそのままでは終わらなかった。最高神らしく、思いもよらない意外な転身を遂げている。

一体、どんな転身を遂げたのだろうか？

なんと、カナンの神でありながら、そのカナンを征服したユダヤ人の信仰に取り込まれ、**ユダヤのヤハウェ（神）として復活**したのである。

ヤハウェはその後、キリスト教の神ともなっており、世界を席巻する存在となっていく。にわかには信じがたい転身であるが、旧約聖書において、アブラハムの前に現われた神が「エル・シャダイ（山のエル）」と山の神を名乗っていることが何よりの証拠といえる。ここで、この神は十戒を授けるという重要な役割を果たし、神の名としてエルという呼称（こしょう）が多く使われるまでになったのだ。

カナンの神話では子孫に追い落とされたエルだったが、そのあとに征服者側が信仰する偉大な神になり、聖書で不朽の、世界的名声を得るという華麗な転身を遂げていたのである。

5 なぜ、ギルガメシュ王は「死の起源」とされたのか

『ギルガメシュ叙事詩』の主人公**ギルガメシュ**は、女神と人間の間に生まれた、3分の2が神、3分の1が人間という英雄で、ウルクの王である。

親友だったエンキドゥの死をきっかけに不老不死を求める冒険の旅に出るが、不死は得られず、人の死を決定づけることとなった。

伝説の存在と思われるギルガメシュだが、紀元前2600年頃、シュメール人によるウルク第1王朝の5番目の王として**実在した人物**と考えられている。

こうして王は神に――

ただ、歴代の王のなかで、なぜギルガメシュだけが叙事詩の主人公に選ばれたのか、疑問に思うところだ。

その業績を探ってみると、ギルガメシュは、ウルクを城塞都市へと発展させた偉大

な王だったと考えられている。ウルク周辺部の川の流れを変え、なんと総延長９キロメートルに及ぶ長大な防壁（ぼうへき）を築いてぐるりと都市を取り囲んだ。この防壁は半円筒形の望楼（ぼうろう）を９００近くも備えたもので、**堅牢（けんろう）な城塞都市を完成させた**のである。当時としては神がかりともいえる大規模な治水と建築事業だったことは想像に難（かた）くない。

こうした功績により、ギルガメシュは偉大な王として崇敬され、死後に神格化された。そして、これほど偉大な王でも不老不死を手に入れられなかったことで、人の世に死が始まったという、避けられない死を人々に納得させる物語が生まれたようだ。

ライオンがこんなに小さく見えるほど偉大とされたギルガメシュ

6 なぜ、女神キュベレーは恐ろしい秘儀を用いたのか

世界各地で古来行なわれてきた祭祀のなかには、人間を生贄に捧げるなど、世にも恐ろしい儀式も伝えられている。そのなかでも、ひときわ身の毛がよだつような秘儀が行なわれていたのがキュベレーの祭祀である。

フリュギア王の娘とされる**キュベレー**は小アジアで信仰された地母神で、自然の恵みと猛威、つまり豊穣と災いの相反をもたらし、後にギリシア神話にも取り込まれた。

多くの崇敬を集めた女神だが、実は裏の顔があった。この女神に仕える神官になることを希望する男性は、ある恐ろしい秘儀を通過しなければならなかったというのだ。

いったい、どんな儀式だろうか？

それは、**トランス状態になり自らの手で去勢する**こと。キュベレーの神官は宦官でなければならなかったのである。鐘や太鼓が鳴り響く熱狂のなか、新参入者は狂乱しつつキュベレーと和合して、死後の安寧を得るために自らペニスを切り落としたのだ。

以降彼らは女性の衣装を着て、女性とみなされた。

この儀式は、キュベレーがアッティスという美少年と恋に落ちたものの、彼がニンフと浮気したため、激怒したキュベレーが彼を狂わせ、自ら去勢させたという神話に由来する。

また、キュベレーは両性具有で、この神が去勢されると落ちたペニスからアッティスが生まれたという伝説もある。

命を失うかペニスを取られるか

このように、キュベレーは去勢と関わりの深い神であるが、その背景には、もともとキュベレーに奉仕する高位の神官が生贄として殺され、捧げられていたことがある。

やがて、殺す代わりにペニスを切り取るようになった。**生殖能力を持つペニスは、それが落とされた地を豊穣にすると信じられ、神に供えられた**といわれている。

殺されて生贄にされる恐怖から、それとは別の恐怖・苦痛を伴う儀式へと変わったのである。

7 なぜ、ヒッタイト人たちの物語はギリシア神話に似ているのか

ヒッタイトは紀元前14世紀頃、オリエントに覇権を打ち立て、初めて鉄を用いた民族として知られている。彼らが語り継いだ神話は、ヒッタイトの首都ハットゥシャから出土した『ボアズキョイ文書』などから知ることができる。

このヒッタイト神話の中で有名なのが、天界の覇権を争う**クマルビ神話**である。クマルビは、王のアヌに反乱を起こしてそのペニスに噛みつき、神々の王となった。しかし、クマルビの体内に入ったアヌの精液から生まれた神テシュプに挑まれ、王位を奪われる。今度は、クマルビが自分の精液で岩の巨人を生み出してテシュプを追い詰めるが、最終的にはテシュプが勝利した。

このアヌからクマルビ、そしてテシュプへの王権の移譲は、ギリシア神話におけるウラノスからクロノス、そしてゼウスへと権力が移る神話を彷彿とさせる。

クマルビがアヌのペニスに噛みつくように、クロノスがウラノスのペニスを切断。

また、巨人がテシュプに挑む設定は、クロノスの報復のためにガイアが生み出した怪物テュポンがゼウスらオリュンポスの神々を打ち負かす物語と似ており、クマルビ神話は、ギリシア神話に影響を与えた神話のひとつと考えられている。

親子、兄弟をめぐる暗闘

ところで、この神話のクマルビの暗躍と挫折、そして勝利に至る物語に、どこか人間の歴史を見ているような、思わずよくあると言いたくなるほどの生々しさがあるのはなぜなのだろうか？

それは、**実際の王権交代の事実を神話のなかに投影させた**からだといわれている。ヒッタイト王国では当初、王位継承に関する決まりがなく、親子、兄弟の間で王位を巡る争いが繰り返されていた。たとえば、王国初期のハットゥシリ1世は息子が反乱を起こしたため怒り、息子ではなく孫に王位を譲ったが、その孫は即位後に義兄弟に殺され、王位を奪われている。

クマルビの神話からは、ヒッタイト王国に伝えらえる、こうした数々の闘争の歴史が垣間見えてくるのかもしれない。

8
なぜ、ゾロアスター教の神・アーリマンは善から悪に転落したのか

ゾロアスター教は、宗教家ゾロアスターを開祖とし、古代ペルシア（イラン）で紀元前1200年頃にはすでに広められたという世界最古の宗教である。

ゾロアスター教では、世界は光と闇の戦いが行なわれる場と説き、創造神で善神のアフラ・マズダへの信仰を説いた。このアフラ・マズダと敵対する悪神がアンラ・マンユ、つまり**アーリマン**で、地上の楽園を作ろうとするアフラ・マズダの働きを妨害。この世に荒天、闇、病などを作り出して混乱に陥れ、人類を滅亡させようとする。だが結果的に、善と悪との戦いは善の勝利に終わり、悪は追放されるとされている。

まさに、この世の悪意のすべてを司り、悪魔の中の悪魔と称されるアーリマンは、当然忌み嫌われる存在である。

ところが、そんなアーリマンの前身を知れば驚くのではなかろうか。悪意に満ちた神であるはずのアーリマンが、元は善神だったというのである。

ゾロアスター教以前のペルシア神話では、アーリマンは救世神ミトラを筆頭とする善良な神の一員で友愛や治癒を司っていたとされるのだ。

◇◇◇ それは「聖なる儀式」か「野蛮な行為」か

その善神がなぜ、悪の権化のような魔族へと転落したのだろうか？

それは、聖牛の祭祀が原因だったとされる。アーリマンはミトラの天地創造を助けた後、その世界統治を願い、牛を解体する聖牛の供儀を行なった。

ところが、この神がゾロアスター教に取り入れられた時、牛の解体という儀式を行なわないゾロアスター教では、この**聖なる儀式を単なる牛殺しの野蛮な行為とみなしたの**である。

そして、アーリマンをアンラ・マンユ（怒りの霊）と名づけ、醜悪（しゅうあく）で無慈悲（むじひ）で強欲（ごうよく）な悪神とし、一族もろとも魔族として貶めたのだ。

ある意味、さんざんな目にあったアーリマンだが、じつはほかの地域では善神としての地位を取り戻していた。イスラム地域では、神に一番近い第一の天使である孔雀（くじゃく）王（おう）アザゼルとして復活。シーア派、スーフィズムのなかで信仰を集めている。

人類誕生物語 4

オリエント神話

人類は神々の代わりに労働にいそしむ存在として粘土から作られた

古代メソポタミアでは、神々が天地を作り、ティグリス川とユーフラテス川を作った。その後、最高神のエンリル神は次に何を作ろうかと神々に相談する。神々は自分たちの労苦を取り除くため、代わりに働く人間を作ろうと話し合った。神々の住まいを建て、運河を作り、農業に従事させようとしたのである。そして2柱のラムガ神を殺して、その血から人間を作ることにした。またはシュメール文明で活用されていた粘土で人を作ったともいわれている。バビロニアの創世神話を記す後世の『エヌマ・エリシュ』においては、この役割をティアマトを倒したマドゥルクが担っており、ティアマトの遺骸を裂いて天地を作り、同様の目的で人間を創造したという。

こうした人間創造については当時のシュメール社会を反映していると考えられる。シュメール地方は肥沃（ひよく）な土地で豊かな収穫を得ることはできたが、農民が汗して働かなければ収穫は得られない。農民は厳しい農作業などの労働を行なう際、神々の代わりに働いていると考えることによって、つらい作業を乗り越えようとしたのだろう。

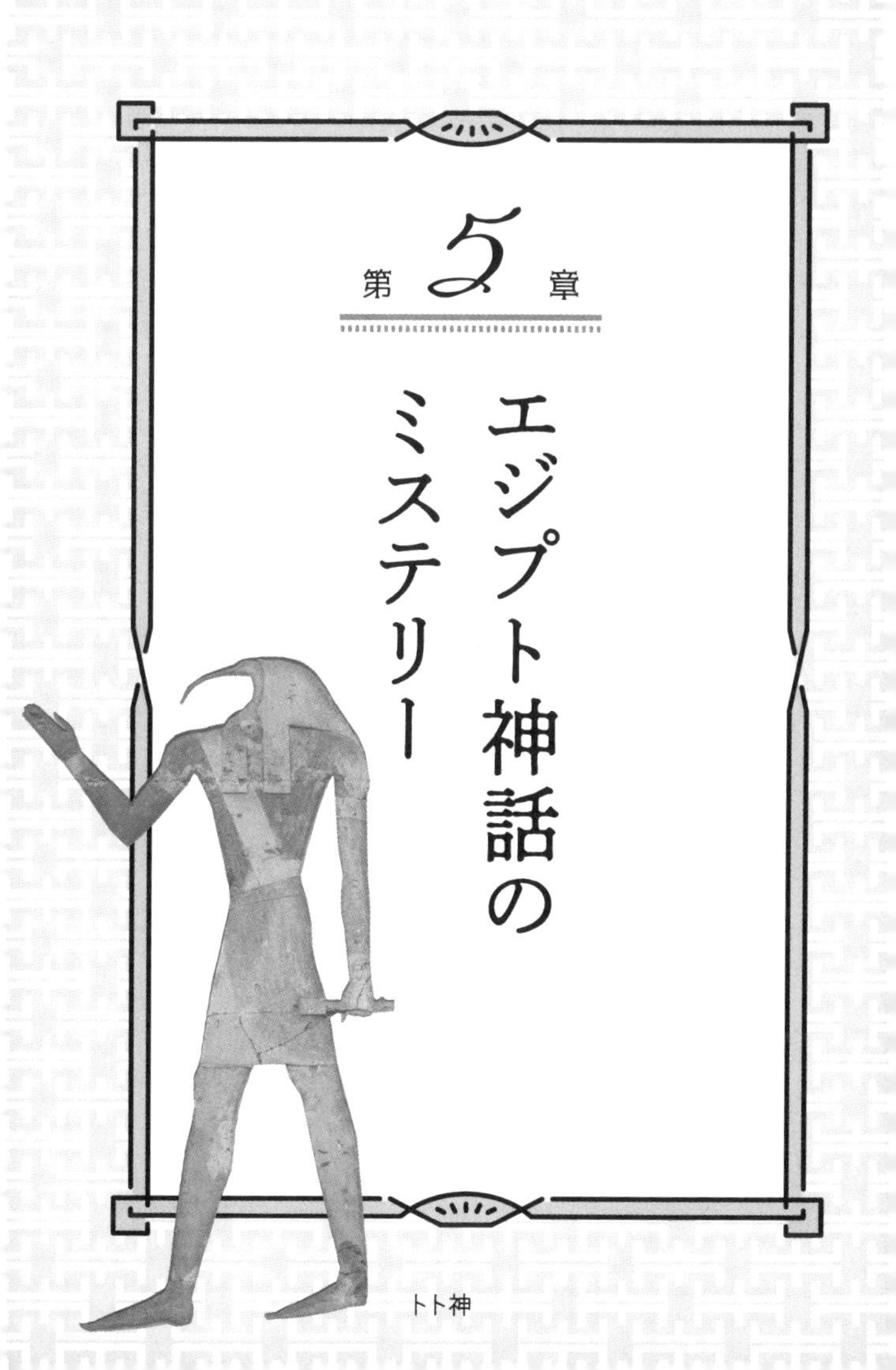

第5章 エジプト神話のミステリー

トト神

押さえておきたい！

エジプト神話あらすじ

悠久の歴史のなかで勃興した4つの創世神話

エジプト神話は、ナイル川流域に定着し、エジプト文明を担った古代エジプト人が作りあげた神話である。その多くはピラミッド、『死者の書』などの儀礼用の碑文や文書に残されたもので、神話として体系的な文書にはまとめられてはいない。そのため、成立年代の異なるいくつもの創世神話が各地に伝えられてきたという特徴がある。

また、ナイル川流域に棲息する動物の頭を持つ神が多いこと、人は死んでもその魂と霊魂は不滅で再生する、という死生観を持つことが特徴として挙げられる。

死と再生の物語

最も古い天地創世の神話はヘリオポリスに伝わる。原初の水であるヌンの水面に創造の神アトゥムが出現し、宇宙を創造する。このアトゥムが大気の神シュウと湿気の女神テフヌトを生み出した。この両者の神から大地の神ゲブと天空の女神ヌトが生まれ、さらに、この両者から男神のオシリスとセト、女神イシスとネフティスが生まれた。この9柱の神々が偉大な原始の神として崇拝され、なかでもアトゥムは、のちにヌンから生まれた太陽神ラーと同一視される。

また、紀元前27世紀に始まる古王国時代の首都で興ったメンフィス神話では、最高神プタハが9柱の神々を生み出している。中王国時代（紀元前21世紀から）の上エジプトで生まれたヘルモポリス神話は、水から4柱ずつ蛙(かえる)と蛇が生まれ、その子である8柱が原初の丘を作り、そこに産み落とした卵、または睡蓮(すいれん)から太陽神ラーが生まれたとする。紀元前10世紀に始まる新王国時代のテーベ神話は、太陽神アメンを主神とし、すべてを創造した神とされた。アメンはのちにヘリオポリス由来の最高神ラーと、ヘルモポリス由来のプタハとも結びつき最高神となった。

以上が主な創世神話であるが、もうひとつ重要な神話としてオシリス神話がある。ヘリオポリス神話に続くこの神話は死と再生の物語。ヌトの子オシリスはエジプト王となり、弟のセトに殺されるが、妻のイシスの尽力によって復活。その間に生まれたホルスがセトを倒し、エジプトを治めるというあらすじだ。オシリスは冥界の神となり死者を裁く存在となったとされ、古代エジプトの死生観に大きな影響を及ぼした。

1 なぜ、エジプトには創世神話がたくさんあるのか

宇宙の誕生や神々の創造を記した創世神話は、その国や地域にとって重要な神話である。国や地域で多少の違いはあっても、基本的にはひとつのはずなのだが、前述したように、エジプト神話ではなぜか創世神話が複数伝えられており、それが体系化されることなく、矛盾をはらむ形でそのまま語り継がれている。

そうしたエジプトの創世神話はおもに4つ「ヘリオポリス神話」「メンフィス神話」「ヘルモポリス神話」「テーベ神話」である。

ヘリオポリス神話は、下エジプトで作られた最古の創世神話のひとつとされる。原初の水であるヌンがおり、水面に創造の神アトゥムが出現して宇宙を創造し、偉大な9柱の神々を生み出した。このアトゥムが、第5王朝時代にラーと同一視されるようになった。

やがて、上エジプトと下エジプトが統一された古王国時代、メンフィスにおいてヘリオポリスとは異なる新たな創世神話が作られた。

ただし、この地の神プタハを最高神と位置付けるものの、その下にヘリオポリスの神々が置かれる内容で、プタハの主導のもとアトゥムがヌンを生み出すなど、ヘリオポリスと同様の創世神話が展開される。

第3の神話が上エジプトの中心都市ヘルモポリスの神話である。この神話は寓意的で、原初の神々に蛇と蛙の姿を与えている。ここからヌン、アメンなど4組の夫婦、8柱の神が生まれた。そして、8柱の神が、丘と卵（または睡蓮）を生み出し、その卵（睡蓮）から太陽神ラーが生まれたのだという。

テーベ神話は新王国時代の神話で、首都テーベの神アメンが信仰された。アメンは原初の卵から誕生し、神々を生み出したとされる。

抹殺されずに語り継がれた

混沌の状態から世界を創造するなど共通点もあるが、神や創造の手法には違いがある。エジプトではなぜ、このようにいくつもの創世神話が存在しているのだろうか？

その理由は、神話を見てもわかるように、**神話の多くが王権のためのものだったからである。**

つまり、王朝が変わるごとに神話が新しく作られていったのだ。

複雑な歴史を持つエジプトでは、思想を統一し、王権を強固にするために王権は神と密接に結びつく必要があった。

そのため、王たちは自分の支配の正統性を示そうと、自分たちが信仰する神が優位になる神話を作り出した。王朝が倒れればその王朝が信仰した神も同時に廃(すた)れたため、いくつもの神話が生まれたのである。

古い神話は本来抹殺(まっさつ)されるが、エジプトは多神教で他の民族が信仰する宗教に寛容(かんよう)だったこともあり、信仰する神を前の王朝の神と習合させたり、一部を取り入れたりした結果、いくつもの創世神話が消滅することなく現代に伝わったのだ。

2 なぜ、まるで聖母マリア!?の像がエジプトにあるのか

大地の神ゲブから生まれ、下エジプトでは地母神、豊穣神として崇められた女神**イシス**。

ラーより王位を譲られた兄で、夫のオシリスが、その地位を狙う戦争の神セトに殺されると、イシスはバラバラにされた夫の遺体を探し出して魔術の力で交わり、ホルスを身籠った。そして、ホルスの成長後、イシスは夫が奪われた王権を息子が取り戻せるよう、尽力したと伝えられる。

こうした母なる神の一面も強いイシスは、その母性を表現するかのように、幼いホルスを膝の上に抱いたり、授乳したりする図像が多く制作されてきたのだ。

とくに、紀元前1000年頃には、イシスとホルスの母子像が護符として多く作られたという。

∞ エジプト、ギリシア、そしてローマへ?

ところで、このイシス像、よく目にする絵画に似ているのにお気づきだろうか。

そう、キリスト教の聖母マリア像である。両者を比べてみると、そのポーズはかなり似ていることがわかる。

とはいえ、イシスは紀元前からエジプトで崇められていた女神であり、聖母マリアは中世以降、ヨーロッパのキリスト教圏を中心に信仰された女性である。

時代も地域も大きく隔てた両者の像が、これほどまでに酷似しているのはなぜなのだろうか。

じつは、イシスはエジプトのみならずローマにも信仰が伝わり、ギリシア神話の穀物、農業の女神デメテルなどと同一視されて、ローマ時代のうちに領内全土で崇拝されるようになっていたという。

ところが、4世紀以降、キリスト教の崇拝が広まると異教は弾圧され、イシスをはじめとする女神の信仰は衰退していった。それに置き換わるようにして信仰されたの

我が子ホルスを抱く女神イシス（右）が聖母子像（左）に!?

が聖母マリアだったのである。

4世紀末にはすでに城壁冠（かん）をかぶったマリア像が描かれるなど、**女神であるイシスの像がそのまま聖母マリア像へと変化していたこと**がわかる。

マリアとイシスは、不思議な力で救世主のイエスと神々の王ホルスという、それぞれ尊ぶべき子を産んだ。また、母性豊かな女性という母としての類似点が多いことも、両者を近づけた一因になっただろう。

つまり、イシス像こそがキリスト教の聖母子像の原型であったといわれているのだ。聖母子信仰の起源は、古代エジプトにつながっていたのである。

3
なぜ、偉大な太陽神ラーは、ボケて力を失ってしまったのか

古代エジプト神話で偉大な神とされる1柱が、太陽神の**ラー**である。**太陽の化身にして万能神、神々の王としてエジプト中で崇拝されていた。**原初の神ヌンから、または天の神ヌトから生まれたとされる。

ラーは太陽の運行を司り、夜の間は悪しき蛇アペプと戦いながら、人々に恩恵を与える神とみなされていた。日の出とともに生まれ、日の入りとともに終わるという生と死のサイクルを繰り返し、「永遠の時を旅する神」と考えられていた。

神々の頂点に立つラーは、地上の最初の支配者ともみなされており、エジプトの王（ファラオ）たちは、自分が神々の子孫であるということを支配の根拠とするようになった。紀元前5500年前頃から紀元前3100年頃の先王朝時代にはすでにラー信仰が始まり、第2王朝になると自らの名にラーの名前をつけるファラオも現われる

など、その信仰は絶頂期を迎える。

人々の都合で持ち上げられたり落とされたりした神

ところが、その絶頂から一転、神話のなかには年老いて耄碌したラーの哀れな様子を伝える話も残されている。

年老いたラーは、人間からあまり敬われなくなり腹を立てたり、ホルスとセトの争いでは、セトに味方してホルスに恫喝されたりと、弱々しい存在となっている。さらに弱ったラーは、女神イシスの策略にやすやすとひっかかり、毒蛇に噛まれてしまうなど、かつての輝きは見る影もない。

結局、ラーは解毒してもらう見返りに自身の真実の名（ラーを支配できる名前）を明かしてしまい、その名を知られた結果、イシスやその子に支配される立場になってしまった。そこでラーは、月と知恵の神トトに後事を託し、地上から去り引退したという。

あれほど威勢を誇ったラーが、一転して権力を失い、衰えた神として扱われてしまうとはあまりにも不可解である。いったい、この背景には何があったのだろうか？

これは、**後世に台頭したイシスやホルスなどの神々を信仰する信者が、自分たちの信仰する神の地位を上げるため**だった。ラーの存在を障害と考えた彼らは、ラーを権力の座から引きずりおろし、自分たちの神の引き立て役とする神話を生み出したのだという。

そうした神のひとつに、冥界の神であるオシリスが挙げられる。ファラオはラーの神官が自分をもしのぐ強い権力を持つようになったため、それに対抗して同じ復活の意味を持つオシリス信仰を推すようになった。

そのため、ラーの力が低下し、人々にさげすまれるようになった。

一方で、オシリスは冥界の裁判官として、古代エジプト人の死と葬送（そうそう）に大きな影響を与えるようになる。

しかし、捨てる神あれば拾う神あり。ホルスやアモンといった神々には、ラーと習合することでその地位を格上げする傾向が見られた。ラーの権威は低下したとはいえ健在であり、信仰する神の格を上げる後ろ盾としても利用されたのである。

4

なぜ、古代エジプトの墓には「死者の書」が納められたのか

古代エジプト人は、人は現世において死を迎えたとしても、それは魂が肉体から抜け出ただけのことであり、いずれ復活し、来世の楽園に生まれ変われると信じていた。ただし、誰もが生まれ変われるわけではない。死者はまず、冥界の神オシリスの前で生前の悪行について否定する告白を行なう。嘘があれば天秤が傾き、怪物に心臓を食べられて二度と復活できず、この裁判を通過した死者のみが晴れて来世へと生まれ変わることができた。

ミイラもこの時に死者の霊魂が帰るよりどころとして作られたものである。

古代エジプトにおける来世の世界は、**「イアルの野」**と呼ばれ、水が潤い樹木や草花が生い茂った穀物の実りにあふれた豊穣の世界であるとされていた。人々は死後、この**豊かな大地で農業に従事しながら、現世と同じような生活を送る**と考えられていたのである。

そのため、墓のなかには現世と同じ生活が続けられるようにと、愛用品や死者を守る呪文を記した**「死者の書」**が納められ、壁画には冥界の旅の案内や、生前の姿のままでイアルの野で耕作に従事する様子などが描かれていた。

まさに、現世の死は来世での新しい生活の出発でもあったのである。

ナイルの西岸にあった冥界の入り口

では、このような来世を送る楽園「イアルの野」は一体何処(どこ)に存在していたのか？　具体的な場所が記されたものはないが、古代よりさまざまな説が取りざたされてきた。

手がかりとしては葦(あし)の湿原、田園または島のような場所ではないかといわれている。つまり、水の恵みを得やすい場所である。

そのため、エジプトに恵みをもたらすナイル川の周辺、湿原のようなデルタではないかともいわれてきた。

一説によれば、テーベからヘリオポリス一帯のナイル川沿いにあるともいわれる。

そのほか、西の砂漠の先という説や太陽信仰で太陽の昇る東方という説も挙げられる。

ルクソール センネジェム墓の壁画に描かれた来世の世界（イアルの野）

または、地上ではなく、地下、天空近くなどとする説もある。

諸説あるものの、古代エジプト人が自分たちの生活圏であるナイル川流域より西側に冥界の入り口を見ていたという説が濃厚なようだ。

ナイル川流域の緑豊かな土地を「黒い土地」と呼んだのに対し、ナイルの恵みが届かない荒地は「赤い土地」と呼ばれ、死者の領域と考えられていた。

特に、太陽の沈む西の砂漠は冥界の入り口とみなされ、墓地に利用されることが多かった。王家の谷やピラミッドのあるギザやサッカラなどは、みなナイル川の西岸に位置している。

5
なぜ、エジプト神話の神は「動物の頭」を持っているのか

エジプトの神々には動物の頭を持つ者が多いという特徴がある。たとえば、ラーやホルスはハヤブサ、アヌビスは山犬、バステトは猫の頭を持つ。

そうしたなかにあって、とくに珍しい存在がケプリという神だろう。この神の頭部はなんとフンコロガシ。フンコロガシはコガネムシ科のタマオシコガネと呼ばれる甲虫の愛称で、古代名を「自ら生成する」という意味のケプリといい、俗称はスカラベと呼ばれた。

それにしても、なぜ古代エジプト人はこの虫を神と崇めたのだろうか？

それは、動物の糞を球にして転がすフンコロガシの習性が注目されたからである。

この習性が太陽の毎日の再生、運行を助けるイメージと結びつき、フンコロガシが太陽にまつわるすべての守護神ともなった。古代の壁画にもケプリが太陽を転がす姿が描かれており、この虫と太陽が結びついていたことがわかる。

動物の頭を持つ神たち。山犬（左）、フンコロガシ（中）、ハヤブサ（右）

しかも、フンコロガシは再生復活の神とされたためか、死者にとっては来世に生まれ変わるための護符としての役目も果たし、ありがたい存在にまでなった。

動物の「いいとこ」どり？

こうした信仰の背景には、古代エジプト人が、**人間を凌駕（りょうが）する動物の能力を崇めた**信仰がある。

エジプトでは、牛やライオンといった大型動物から、ハゲワシ、トキなどの鳥類、コブラ、サソリなど危険な動物まで、多くの動物が神として崇められた。これは牛の旺盛な繁殖力や、ハヤブサの大空を高く飛ぶ能力などを神の力として崇拝していたからである。

人類誕生物語 5 エジプト神話

人間はろくろを使って作られた？ 創世神話同様いくつも伝わる人類誕生秘話

エジプトにはいくつもの創世神話があることは前述したが、人類誕生に関しても同様にいくつもの神話が伝わっている。

まず、最も古いヘリオポリスの創世神話では、大気の神シュウと湿気の女神テフヌトを生んだラーであったが、海のなかで2人の子を見失ってしまった。そこでラーは自分の目を取り出して2人を探し、どうにか再会することができた。この時ラーはうれしさのあまり号泣し、その涙から生まれたのが人間だったという。また、メンフィスではプタハ神が人間を作ったとされる。

一方アスワンには、ナイル川を象徴する神で、羊の頭を持つクヌム神を人類の生みの親とする神話が伝わる。彼は創造神かつ多産の神とされ、ろくろを回して卵をつくり、万物を生み出したという。人間もそのろくろから生まれたらしい。だが、クヌム神はろくろを回すことがついに面倒になって、ろくろ自体を人間の体に仕込み自分たちで増えるようにしたという。このろくろが子宮というわけだ。

第6章

インド神話のミステリー

ガネーシャ

押さえておきたい!

インド神話あらすじ

3000年にわたる壮大な創生と輪廻の物語

インド神話の始まりは、紀元前2000年頃に中央アジアから移住してきたアーリア人がバラモン教を興し、神々への賛歌（さんか）や儀礼を『ヴェーダ』にまとめたことによる。時代が下るとその付属書が編纂（へんさん）され、神話世界が深層化していく。やがてバラモン教は、インド土着の神々や仏教を取り入れてヒンドゥー教へと発展した。

インド神話は、およそ3000年という長い歴史のなかで育まれたため、数千ともいわれる膨大な神々が登場し、主要な神々の立ち位置も時代とともに変化している。最初のヴェーダの時代は、インドラが神々の代表的存在。干ばつをもたらした悪竜ヴリドラを退治した神として有名だ。ヴェーダ後期になると、インドラの代わりにブラフマーが宇宙を創造した物語が誕生し、最高神としてもてはやされるようになる。ヒンドゥー教の時代になると、ブラフマーに加えてヴィシュヌ、シヴァの神話が整えられ三神一体として主要神となる。ヴィシュヌは多くの化身を持つことで知られ、宇宙を維持する神として重んじられた。また、シヴァは破壊と創造の相反する2つの性格を持つ神だ。

次々に入れ替わる主人公たち

インド神話における創世神話は、黄金の卵が現われ、その中からブラフマーが生まれるところから始まる。ブラフマーによって万物が創造されることとなるが、時代が下ると、ブラフマーはヴィシュヌから生み出されたとする話も生まれた。

神話のハイライトのひとつが、乳海攪拌（にゅうかいかくはん）神話である。神々の世界にはインドラが率いる神々のデーヴァ族と、デーヴァと同等の力を持つアスラ族がおり、両者は不死の霊薬を得ようと、ヴィシュヌの助言を得て、協力して海をかきまぜ「アムリタ」を生み出す。ところが、この奪い合いが勃発。デーヴァが勝利し不死を手に入れた。両者の亀裂は決定的となり、激しい攻防の末、デーヴァはアスラ王を打ち取ったという。

ヒンドゥー教時代のインド神話は、ヴィシュヌやシヴァが中心となり、ヴィシュヌの化身クリシュナらの支援を得た王子たちの物語『マハーバーラタ』や、コーサラ国のラーマ王子が鬼神を退治する『ラーマーヤナ』の二大叙事詩が編まれた。

1

なぜ、有名な「乳海攪拌」が善神と魔族を分けたのか

インド神話において、**乳海攪拌**のエピソードを繰り広げる**デーヴァ**と**アスラ**。力を合わせて不死の霊薬アムリタを手に入れるも、デーヴァがこれを独占して不死を手に入れた一方で、アスラにはアムリタが与えられず、死すべき存在となってしまう。こうしてアスラとデーヴァの間には明確な優劣が生まれた。同時にこの一件以降、両者の間に亀裂が入り、激しく争うようになったとされている。

ところでこの両者、いったいどう違うのだろうか？

まず、両者はともに超自然的な存在であり、実はもともとは同族で、それが2系統に分かれたとされる。

英雄神であるインドラが率いることもあって、デーヴァを神族、アスラを呪力を使う魔族と説明することもあるが、じつは両者の境界は曖昧である。

アーリア人と同じ語族に属するイランで生まれたゾロアスター教では、アスラが善

神で最高神の地位についているなど、地域が変わると立場が逆転するほどだ。

アスラが阿修羅に⁉

両者の違いは何なのか。まず、インドラ神を代表とするデーヴァは、前述の通り不死の存在である。また、慈悲深く人々から崇拝を受け、見返りに援助と保護を提供する存在であった。人々にとって、現世利益(げんせりやく)を約束してくれるありがたい神である。

一方、アスラは不死ではない。利己的で人に危害を加えることがあるものの、時に人間を助けることもあった。人に賞と罰を与える、法を司る存在とみなされたようだ。アスラも人に敵視されていたわけではなく、デーヴァと同じように高い神格を与えられていたのである。

しかし、時代が下ると慈悲深いデーヴァの神格が上がり善神と称えられる一方で、デーヴァと争うアスラはその敵役とみなされるようになる。とくに**アスラの魔術、呪術的な力が強調され、デーヴァに敵対する魔族のような存在となっていった**。やがてアスラを阿修羅(あしゅら)とし、悪神と位置付けたのが、シャカによって開かれた仏教である。仏教の阿修羅は、単体で登場して帝釈天(たいしゃくてん)と戦う逸話が作られている。

2 なぜ、今なお「ガンジス河の沐浴」が行なわれるのか

インドといえば、ガンジス河での沐浴風景を連想する方も多いのではないだろうか。夜明けを合図にして、川岸に待機していた多くのヒンドゥー教徒たちが一斉に川に入って沐浴を始める様子は、まさに圧巻の一言であり、インドを代表する景観のひとつである。

インドの人々にとって、このインド最大の河川である**ガンジス河で沐浴をする**（水や湯に浸かって身の穢れを洗い清める）ことが、大切な宗教習慣のひとつとなっている。

ガンジス河の水に浸かり、沐浴して身を清め、口をすすいでガーヤトリーと呼ばれる聖詩を唱えることで神々への信仰を深めていく。ヒンドゥー教徒にとって一生に一度、ガンジス河を訪れるのが悲願ともいわれるほどである。

天から降りてきた神〜ガンジス河

シヴァ神が受け止めた神聖な水

ではなぜ、インドの人々はほかの河川ではなくガンジス河で沐浴を行なうのだろうか？

それは、この川を「天から降りてきた神」として神聖視しているからである。

ガンジス河は、ガンガーという女神に神格化された存在だった。ガンガーという名はガンジス河の古名。女神ガンガーは、山の神ヒマヴァットの娘で、ヴィシュヌのつま先から生まれ、天界に住んでいた。ガンジス河は天に存在していたのだが、それが地上に降ったのは次のような神話がある。

インド伝説のバギーラタ王は、カピラ仙の怒りにふれて焼き殺された祖先の遺灰を天国に浄化するために、必要とされるガンガーの神聖な水を地上に降ろす修行を積んだ。

ついに神からその許しを得たが、そのまま降ろせば地上が洪水になると知り、シヴァ神に協力を頼む。

そこで、**シヴァ神は天界から落下する膨大な水流を頭で受け止めた後、それを地に流した**のである。こうしてガンジス河は無事、地上に降った。この神話に基づき、シヴァの絵には髪の毛の中から水、つまりガンジス河が流れ出ている作例もみられる（↓179ページ写真左）。

この伝説からガンジス河は「聖なる河」として、ヒンドゥー教徒から崇められるようになった。

そして、聖なるガンガーの水で沐浴すれば、7代前の先祖までも清められ、さらに、スヴァルガというインドラの楽園に行くことができると信じられたのである。

また、遺灰をこの川に流すことで、罪を流し悟りを得て輪廻を脱するともいわれ、今なお、遺灰はこの地に流されている。

ガンジス河は、インド人にとっては不思議な力を持った魔法の川なのである。

3 なぜ、ヒンドゥー教の神々には妻がいるのか

ヴィシュヌとラクシュミー、シヴァとパールヴァティー、ブラフマーとサラスヴァティー。これはインドの三大神と、その神妃となっている女神の組み合わせである。

ほかにも多くの神に妻がいて、インド神話の神々が持つ特徴のひとつに、**ほとんどの神が伴侶（はんりょ）となる神を持ち、ペアになっている**ことが挙げられる。

先に述べた3柱の神妃に関しては、三大神が生み出した1柱の女神を3つの神格に分離させた存在ともいう。1柱を3柱に分けてまでそれぞれに配した点を見ても、伴侶というものに対して強いこだわりがあるように見える。

このように、インド神話において、神にことごとく伴侶が配されているのはなぜなのだろうか？

結婚を拒（こば）む神がいても不思議ではないと思うのだが……。

女神と交合することで……

インド神話の世界に多くのカップルが生まれた背景にあるのは、シャクティズム（性力信仰）というインドならではの信仰である。

これは、神が内部に宿る神聖なエネルギーを発揮するためには、女神がその力を引き出す仲立ちになるという考えに基づく信仰である。つまり、**男神は女神と交合することによって、神秘的な力を発揮できる**とされたため、男性神には伴侶たる女神が必要だったのだ。

なぜ、このような信仰が生まれたのかというと、農耕民が主流で豊穣・生産の女神を信仰していたインドに、男性神を信仰する遊牧民族のアーリア人が侵入したことによって、土着の信仰とアーリア人の信仰が融和していったからである。

その融和から男性神と女性神が合体することで、神秘的なエネルギーが生まれると考えられるようになり、シャクティズム信仰が生まれた。

この信仰は、性的な興奮を宗教にまで昇華させることとなり、真言（しんごん）を唱えながらの性交が解脱（げだつ）に至る道と考えるタントリズムを生み出す素地となった。

4

なぜ、重要な神ブラフマーだけがこうも不人気なのか

シヴァ、ヴィシュヌと並ぶヒンドゥー三大神の1柱が**ブラフマー神**である。宇宙の万物を創造するエネルギーそのものである梵(ぼん)(ブラフマン)を神格化した存在で、宇宙の創造神でもある。

バラモン教時代から活躍し、本来はヒンドゥー教三大神の筆頭的な存在なのだが、じつは影が薄く、大衆からの人気も低い。

世界を創造するという偉大な仕事をしたにもかかわらず、ヴィシュヌやシヴァに比べて活躍する場面が少なく、ガンジス河を地上に降ろす際には、シヴァ神に助力を得るよう神々にアドバイスするに止まるなど、助言を与える程度の役割となっているのだ。

さらに、ヴィシュヌまたはシヴァからブラフマーが生まれたという神話も作られ、創造神としての役割の座も譲っている。

創造神でありながら、時代を経るごとにブラフマーの影響力が低下したのはなぜなのだろうか。

神話上においては**不人気になる呪いをかけられた**という興味深い話がある。

ブラフマーは、娘として女神シャルーパー（サラスヴァティーとも）を生み出したところ、その美しさに惚れ込んだ。そして、彼女を見失わないようにと四方に顔を作り出し、さらにその上にも顔を作り出したという。これを見たシヴァは近親相姦的な行ないに怒ってこの頭ひとつを斬（き）り落とし、「この罰として、あまり崇敬されなくなる」と断言したという。

または、シャルーパー自身が呪いをかけたとも、そのほかにも、サラスヴァティーに気を取られて聖仙（せいせん）ブリグの供犠（くぎ）を司らなかったため、ブリグから人に無視されるよう呪いをかけられたという説もある。また、不正を働いたブラフマーに腹を立てたヴィシュヌが呪いをかけたのではないかともいわれている。

ご利益がよくわからない神の悲劇

気の毒なほどあらゆる形で不人気になる呪いをかけられているブラフマー。しかし

左から、シヴァ、ブラフマー（4つの顔）、ヴィシュヌのインド三大神

ながら、彼への信仰が衰えていったのは、実際のところ、ブラフマンという力があまりにも**抽象的で理解し難かった**からだとされる。

人々は、ブラフマーが自分たちにどんな利益をもたらしてくれるのか、想像するのが難しかったようだ。

さらに、宇宙の創造という仕事は偉大ではあるが、その実態を見ることができないためわかりにくい。

しかも、創造はすでに終わった過去の出来事でもあり、次第に忘れ去られていく運命でもあった。

こうしてブラフマーは、どんなご利益があるかよくわからない、過去の神とみられてしまったのである。

5 なぜ、英雄インドラはヒーローの座から引きずりおろされたのか

バラモン教時代の『ヴェーダ』の賛歌において、最も多く語られている神は**インドラ**である。

全身が茶褐色、強大な権威を持つ神で、とくに**干ばつをもたらす悪竜のヴリドラを一騎打ちの末に倒し、地上に潤いをもたらした英雄神**として称えられる。

このようにヒーロー的存在だったインドラだったが、紀元前1世紀以降のヒンドゥー教の時代になると影が薄くなってしまう。

出番が少なくなり、それまで脇役だったシヴァやヴィシュヌに主役を奪われたばかりか、人々がクリシュナ（ヴィシュヌの化身）の助言で自分への信仰を取りやめたことを知って怒り、洪水を起こすも、クリシュナが山を動かしてこれを防いだため、降伏するなど、情けない姿をさらしている。

おまけに、好色で嫉妬深い性格も強調されるなど、さんざんな変貌ぶりである。

神さま流「生き残り」術

悪竜を倒して称えられた神が、ヒーローの座から引きずりおろされ、転落してしまったその背景にはいったい何があったのだろうか？

実は、インド社会の宗教の変化が影響しているといわれている。

バラモン教はアーリア人が持ち込んだ教えである。『ヴェーダ』の時代にはバラモン教の祭司が力を持ち、インドラへの祭祀を正しく執り行なうことが重視されていた。

ところが、時代が下るとバラモン教は、新しい思想や民間信仰などあらゆるものを包括しながらヒンドゥー教へと変質する。

ヒンドゥー教では民間信仰や土着の神が復権し、バラモン教の下で隆盛したインドラに対する祭祀が衰退。これに伴い、インドラはその力を失っていったのである。

ただし、インドラの存在も消えたわけではない。インドラは時代に合わせて、その性格を変容させながらヒンドゥー教の下でも生き残った。浮気性で嫉妬深く、人間のもめごとにも口を出す人間くさい性格へと変容したのは、ヨーロッパの宗教、意外なことに、とくにギリシア神話のゼウスの影響を受けたともいわれている。

6 なぜ、インドは今も「牛の天国」なのか

広く動物が崇拝されたインドで、とくに神聖な生き物とされているのが**牛**である。牛たちが町を我が物顔に闊歩(かっぽ)する光景に出くわすことも多い。もちろん牛を殺すことは憎を殺すことと同じ大罪とみなされ、牛肉食はタブーである。また、牛が産出する牛乳、ヨーグルト、チーズ、バター、クリームは宗教儀式において神聖視されている。

牛は神話でも重要な位置を占め、とくに「幸福なもの」という意味を持つナンディン牛が有名だ。望みをかなえてくれる牝牛スラビの子で、シヴァ神の乗り物にして第一の従者である。シヴァが踊りだすと、ナンディン牛がその音楽を奏でたという。今もシヴァ神をまつる寺院には、門前にナンディン牛の像が配されている。

その謎を解くカギ

なぜ、ここまで牛を神聖視しているのだろうか？

ナンディン牛は「幸福なもの」の意味を持つ

その謎を解くカギは、アーリア人の歴史にさかのぼる。遊牧民族だった彼らにとって、牛は戦闘や移動運搬に欠かせない貴重な財産であり、牛や牧草地の所有を巡り争うこともあった。インドに侵入し定住してからは、農耕に欠かせない存在として大切な財産となる。

このように、**人々にとって牛がつねに重要な存在だったため、神聖視されたの**だろう。

紀元前12世紀の『ヴェーダ』でもすでに聖牛崇拝が説かれており、牛は祭祀では生贄としても用いられていたと推測される。ただし、この頃はあくまでも儀式上の崇拝であり、生活のなかに浸透したのはヒンドゥー教の時代になってからのようだ。牛肉食が禁止されるなど牛の神聖化が進んだのである。

7 なぜ、ガネーシャの頭は人間でなく象なのか

ヒンドゥー教の神々のなかで、一度見たら忘れられない姿をしているのが**ガネーシャ**だろう。水野敬也氏の『夢をかなえるゾウ』に登場したことで、すぐにその姿を思い浮かべることができる人も多いのではないだろうか。

恰幅（かっぷく）の良い体と4本の腕に、象の頭を持つその姿はどこかユーモラスで、愛嬌（あいきょう）がある。仏教にも取り入れられ、日本には「歓喜天（かんぎてん）」として知られている。

ヒンドゥー教において、幸運をもたらし障害を取り除くといわれる人気の神で、商売の神様としても知られる。インドの商店に、よくガネーシャの絵や像が飾られているのはこのためだ。学問の神としても信仰され、大変幅広い活躍を見せている。

"とりあえずつけてみた"頭？

では、なぜガネーシャは**象の頭を持つ**に至ったのだろうか？

インドの神は顔がいくつもあったり、体色が青かったりするが、皆、人間と同じ頭部を持っており、象の頭というのは珍しい。

これについてよく知られているのが次の伝説。シヴァの神妃パールヴァティから生まれたガネーシャが、ある日、母から誰も部屋に入れないように見張りを命じられた。パールヴァティの夫であるシヴァが来訪した際にも、言いつけを守って家に入れなかったため、怒ったシヴァに首を斬り落とされてしまう。その後、パールヴァティの怒りに気づいたシヴァがあわてて頭を探すも見つからなかったため、ちょうど**通りかかった象の首を取ってすげ替え**、ガネーシャを生き返らせたという。

ただし、ほかにもバラモンの呪いによって首を失ったため、インドラの乗り物である象の首がつけ替えられた、ガネーシャの誕生祝のとき、見る者を破壊する邪視（じゃし）を持つ神シャニも招かれており、うっかり目を合わせたガネーシャの頭が破壊されたため、ヴィシュヌが象の頭にすげ替えたなど、さまざまな説がありはっきりしていない。

また、ガネーシャの図像をよく見ると、片方の牙（きば）が欠けているのがわかる。こちらについても、聖仙パラシュラーマと戦った際に折れた、もともとシヴァがすげ替えた際に折れていたなどの説があり、実はこれ！　といった説はないようだ。

8 なぜ、三大神シヴァは妻のカーリーに踏んづけられているのか

インド神話には猛々(たけだけ)しい女神が多く登場する。アスラの兄弟が魔神のラクタビージャを神々のもとに送り込んできたとき、それに立ち向かったのは、シヴァとヴィシュヌによって生み出された怒りの女神で、シヴァの妃でもある女神ドゥルガーであった。

その戦いの最中、突如ドゥルガーの顔が真っ黒に変化して現れたのが**女神カーリー**である。ラクタビージャは流れ出た血から増殖し、魔神の数が増える一方だったため、カーリーはこの魔神を丸ごと飲み込むという手に出た。その血を吸い取り、これを倒したのである。

そんなカーリーの姿は、この戦いの後の姿を表わした図像で有名だ。それは、無数の腕に肉切包丁などの武器と生首を手にした恐ろしい姿のカーリーが、横たわるシヴァ神を足で踏みつけ、長い舌を出しているという何とも恐ろしいもの。この姿はラクタビージャを倒して勝利に酔う**カーリーが激しく踊り大地が壊れそうになったため、**

とっさにシヴァ神が地面に横たわり衝撃を和らげた姿を描いたものである。

ああ、妻と夫の力関係

ただこの図像には、もうひとつ隠された意味があるのをご存じだろうか？

もともとカーリーはベンガルの一地方の神にすぎなかったが、ヒンドゥー教に取り込まれる中でシヴァ神の妃となった。さらに彼女の踊りを止めるには、シヴァでさえ自らが踏みつけられるしかなかった。

インド三大神を踏みつけるほどの力を持つ女神カーリーとは……

立川武蔵氏の『ヒンドゥー神話の神々』によると、この図像表現は、両者の力関係が逆転したことを映し出しているのだという。つまり、**カーリーを信仰する勢力がシヴァ信仰の勢力を超えた**ことを意味しているのだ。

人類誕生物語 6 インド神話

原初の人間プルシャ——ひとりしかいないのにどうやって人類を生んだ？

インドにはいくつかの人類創世神話が存在する。最も古いものは、大地を覆うほど巨大な原初の人間プルシャが登場することから始まる。プルシャひとりしかいないため、プルシャは自らの体から生物を生み出そうと考え、自身を男と女の2つに分離した。この男女が交わり、さまざまな生命体を生み出した。

また、『リグ・ヴェーダ』によれば、神々がプルシャを生贄として殺すと、目から太陽、心臓から月といった世界が生じ、そして頭からバラモン（神官）、腕からクシャトリヤ（武人）、太ももからヴァイシャ（農民や職人）、足からシュードラ（奴隷）が生まれた。これがヒンドゥーの階級であるカーストの始まりであるとされる。

また、別の神話では創造神ブラフマーが、自らが生んだ言葉の女神サラスヴァティーとの間に最初の人間マヌを誕生させたという。マヌはヴィシュヌの化身である魚の助言で船を準備したため、神が人間を破滅させようと起こした大洪水を逃れ、ひとり生き残った。その後、自分のあばら骨から女を生み出し、新たな人類の祖先となった。

第7章

マヤ・アステカ・インカ神話のミステリー

チチェン・イッツァ

マヤ・アステカ・インカ神話あらすじ

生贄の習慣を生んだ世界創造の神話

世界四大文明の枠からは外れるものの、アメリカ大陸にも数多くの文明が発祥した。とくに知られているのが、紀元前1000年頃からユカタン半島で起こったマヤ文明と、13世紀にメキシコ中央高地を支配したアステカ文明、そして12世紀頃の南米アンデスに勃興(ぼっこう)したインカ帝国である。これらの地域では、あらゆる自然に霊魂が宿ると考える「アニミズム信仰」が神話世界の源泉となっている。

創造と破壊が繰り返されるマヤ・アステカの世界観

マヤ人は、世界が巨大な爬虫類(はちゅうるい)の上にあって、天上、地上、地下の3層から成り、世界樹によって連結されていると考えていた。有名なチチェン・イッツァの階段状のピラミッドは、この世界樹を模した装置であるという。マヤでは、世界は創造と破壊を繰り返すと考えていたため、創造主に頻繁に人身御供(ひとみごくう)を捧げた。

マヤ神話は創世神話から始まり、神が信心が薄い人間に愛想を尽かして洪水を起こしたこと、双子の英雄神が悪を取り除く冒険譚などを伝えている。

アステカ文明は征服した地域の神々を神話に取り込んだ。そしてマヤ文明同様、この世界は創造と破壊を繰り返し、現在は5番目の太陽の世界だという世界観を持った。

蛇の形をして羽を持ち、人々に崇拝された創造神ケツァルコアトルと、破壊の神テスカトリポカが支配権を奪い合い、最後はケツァルコアトルが追放され、「一の葦の年に戻る」と予言して姿を消したという。

この激しい神話が物語るように、アステカはたびたびライバル国家と戦いを繰り返した。これは生贄に捧げる捕虜を手に入れるためだったともいわれ、マヤ文明にも増して多くの生贄を捧げている。

太陽を信仰するインカ神話

12世紀の南米アンデスに成立したインカ帝国は、太陽の祭祀を行なった。彼らが信仰したヴィラコチャはアンデスの創造主とされ、チチカカ湖に降臨して世界と人間を創造したという。

1 なぜ、アステカの主神がアステカを滅亡させてしまったのか

アステカで最も信仰された**主神ケツァルコアトル**は、ナワトル語で「羽毛に覆われた蛇」を意味し、マヤの創造神であるククルカンと同一視される。その姿は名前通り羽根を持つ蛇の神で、風や太陽、文化、農耕の神とされる。

アステカ文明発祥以前のメキシコに栄えたテオティワカンでも信仰され、高さ20メートルほどの小ぶりなピラミッドに、雨の神トラロックとともに蛇の姿をしたケツァルコアトルのレリーフがあしらわれている。

諸説あるが、アステカ神話では、**この世は創造と破壊を繰り返し、現在は5番目の世界である**と説く。

第1の太陽の世界は、ケツァルコアトルの宿敵(しゅくてき)テスカトリポカが支配したが、ケツァルコアトルが天から叩き落としている。第2の太陽の世界を創造したのはケツァル

マヤの写本に描かれたテスカトリポカ（右）と宿敵ケツァルコアトル（左）

コアトルで、彼はこの時、人を作り、農耕や暦、火を授けている。ほかの神が支配した第3の太陽の世界を経て、第4の太陽の世界もケツァルコアトルが支配していたが、復讐心に燃えるテスカトリポカの策略にかかり、追放されるに至った。

やって来たスペイン人も見違えた!?

この時、ケツァルコアトルは**「一の葦の年に戻ってくる」**と予言を残し、東の方へ去っていったとされる。

この予言が、のちにアステカ帝国滅亡の原因になったともいわれているのだが、いったいどういうことなのか？

それは1519年のこと。この年、スペイ

ンのコンキスタドール、エルナン・コルテス率いる遠征隊がアステカに到達した。

じつはこの年こそ、ケツァルコアトルが予言した「一の葦の年」にあたっていたのだ。

しかもケツァルコアトルは色白で黒い髪を生やしていたと伝えられており、スペイン人の風貌(ふうぼう)とよく似ていたことも災いする。

アステカの人々は、**コルテスら一行をケツァルコアトルと思い込み**、予言通りにケツァルコアトルが帰還したと勘違いしてしまったのだ。

そのため、抵抗するどころか、征服の機会を虎視眈々(こしたんたん)と狙っているコルテス一行を大いに歓待した。

なんと、彼らのために生贄を捧げようと申し出たほどだったという。

やがて、悪意を持った敵と気づいたが時すでに遅し。アステカ側はこの侵略者たちをやすやすと領内(りょうない)奥深くに侵入させてしまっていたのだ。抵抗する準備に遅れたアステカ帝国は、スペイン人にあっさり征服され、アステカ文明は滅亡してしまったのである。

2 なぜ、アステカの首都は水上に築かれたのか

アステカ帝国の首都テノチティトランは、1325年にアステカ族がテスココ湖の上に築いた水上都市で、現在のメキシコの首都メキシコシティーにあたる。これはスペイン人により王国が滅ぼされたのち、破壊されたテノチティトランの上にメキシコシティーが建設されたため。現代になって当時の神殿であったテンプロ・マヨールなどの遺構が地下から発見されている。近年、街の地盤沈下が深刻な問題となっているのも有名な話だ。

ただし、アステカ帝国を築いた人々は、当初からテノチティトランに暮らしていたわけではない。

もともとアステカ族は、メキシコ北西部の砂漠地帯アストランに住んでいたが、ある時、**最高神であるウィツィロポチトリから約束の地へと旅立つよう命じられる。**

長い旅の果てにテスココ湖付近に至った時、島の上で鷲が蛇をつかんでいるのを見

た神が、ここが約束の地だと告げ、都市が築かれた。

この約束の地に居を構えたアステカ族は、神の恩恵を受けるかのように、周りの都市国家と協力して大国のテパネカを倒し、メキシコ中央高原で覇者への道を歩む。

「約束の地」伝説は屈辱を隠すためだった⁉

ただし、この神話の背景には、アステカ族のある屈辱の出来事が隠されていた。

そもそも、なぜわざわざ湖を埋め立てて住まねばならなかったか。ラテンアメリカ研究家の土方美雄氏は次のような仮説を挙げている。

砂漠地帯を脱したアステカ族がメキシコ中央高原に進出した時、すでにその一帯は他の民族によって分割されて統治されていた。そのため、新参者のアステカ族が住み着く場所がどこにもなかったのである。結果、**追い払われたアステカ族はやむなく湖の小さな島を埋め立てて落ち着くしかなかった**というわけだ。

この屈辱的な出来事を覆い隠すために、「約束の地にたどりついた」と美化した伝説が生まれたのではないかと指摘されている。

新参者という屈辱は彼らが覇者となってからも消えることはなかった。マヤ文明が

アステカ帝国の湖上都市はこうして築かれた

栄えたユカタン半島など、中央アメリカでは生贄の儀式が執り行なわれていたが、アステカ族のそれは異常なほど大規模だったという。

新参者で権力基盤の弱い彼らが優位に立つためには、周辺の部族や都市に恐怖を植え付ける必要があり、大規模な生贄の儀式を頻繁に行なっていたのである。

ただし、アステカ族はもともと湖上に都市を築いていた可能性もある。メキシコ中西部に今なお存在するメスカルティタンという小島があり、テノチティトラン同様、水上都市の特徴を持っている。これがアステカ族の故郷アストランとされており、テノチティトランは、これを模して水上に築かれたともいわれている。

3 なぜ、アステカの祭りでは若い男の心臓が必要だったのか

アステカ帝国では、1年を通してさまざまな生贄の儀式が行なわれた。多くの捕虜や奴隷が犠牲になり、一度に500人の生贄が捧げられたこともあるという。また、時には女性や子供が捧げられる儀式もあった。人々は死者の皮をまとい、遺体を煮て食べたとも伝えられる。アステカの人々にとって、生贄の肉を食べることは神の力を得るための聖なる儀式だった。

なかでも、とくに入念な儀式が繰り返されたのがテスカトリポカの祭りである。テスカトリポカは主神ケツァルコアトルの宿敵とされる神で、ケツァルコアトルと同じく創造神にして雷、戦士の神である一方、妖術(ようじゅつ)と呪いの神で人々に災いをもたらす、残虐で邪悪な神でもあった。

テスカトリポカの祭りでは若い男が生贄に捧げられたのだが、この祭りの1年前に捕虜のなかから選ばれた体格の良い若い男は、1年間テスカトリポカの化身と崇めら

れ、美しい4人の娘と共にまるで王のような贅沢な日々を送った。

そして**祭りの日に神官が青年の心臓を抉り出し、さらにその首をはねて心臓を神に捧げた**のである。

滅亡の恐怖に打ち勝つためにはここまでやる

このような人身御供はアメリカ大陸ではさして珍しい風習とはいえないが、アステカの生贄の儀式はその凄惨さや回数の多さも群を抜いている。アステカ人は、なぜこのように生贄の儀式を盛んに行なったのだろうか？

その理由は神話に隠されていた。神話では、テスカトリポカとケツァルコアトルにより、これまでに世界が創造と滅亡を繰り返してきたとされ、たびたび世界は洪水や炎の雨などさまざまな理由で滅んでいた。それゆえアステカ人は、**世界を神の心次第で容易に滅んでしまうものととらえていた**のである。

そのため、今の世界もいつ滅ぼされるかわからないと恐怖におびえていた。神の怒りを鎮め、太陽に活力を与えて世界を維持するためには、生贄を捧げるしかないと考えていたのである。

4 なぜ、「インカ以前」の神が祀られ続けているのか

太陽信仰を中心としたインカ帝国の創造神**ヴィラコチャ**は、「天空の湖」と呼ばれるチチカカ湖から現われ、太陽と月、星、人間を創造したとされる神である。

その後ヴィラコチャは、人間たちを教化する旅に出て、植物に名をつけ、食べられるものを教え、病気を治した。さらに、農業や家畜の飼い方なども教え、教えに従わない人を石にして懲罰を与えることもあった。こうして文化を伝えたのち、従者と合流し、海の上を歩いて去った、または海の泡になって姿を消したと伝えられる。

なお、この神も再来を言い残したため、1532年にスペイン人がインカに到達した時、住民たちはアステカの人々と同じくスペイン人を神と勘違いしたという。

「太陽の門」が意味するもの

そんなヴィラコチャは、インカ帝国より古くから信仰されていた神とされており、

高さ約3メートルの太陽の門は1枚の岩から成る

その起源はチチカカ湖に接する高原のティワナクにあるのではないかといわれている。

同地はインカ建国以前に栄えた都市遺跡で、インカ文明に影響を与えたとされ、「プレ・インカ文明」のひとつとされる。

今もいくつかの遺構が残されており、ここには巨石文化が栄えたことが見て取れる。

その遺構のひとつに「太陽の門」と呼ばれる一枚岩の石門があるのだが、この中央に2本の棒を持った姿で刻まれているのが、ヴィラコチャ像ではないかといわれている。

ヴィラコチャは、ペルーでは古くから太陽神として崇拝されており、**太陽信仰を主軸とするインカ帝国の王が祀る神にふさわしく取り入れられた**のだろう。

人類誕生物語 7 マヤ神話

2度の失敗を経てトウモロコシから人類が生まれる

マヤ神話では、神々は人間を作るまで何度か失敗を重ねていた。フラカンとククルカンなどの神々は自然の大地と動物を作るが、知恵と神々への敬意がないためこれらを食べてしまった。次に泥土から人間を作り出したが、体がやわらかく、すぐに崩れてしまう。そこで今度は樹木から人間を作り出す。人間は言葉を話し、子孫を増やしたが、やはり知恵がなく神々を敬わない。そこで神々は大洪水を起こして人間を滅ぼし、運よく生き残った人間の子孫が猿になったという。

2度の失敗を経て、次に人類創造を助けたのはフナプとイシュバランケの双子の英雄神である。この2柱が宇宙から悪を追い払い、人類を創造する道筋を整えた。

そしてフラカンとククルカンは3度目に、トウモロコシをひいた粉をこねて4人の男を作り出す。この思慮深い人間に満足した神は彼らに4人の女を与えた。これがキチェ・マヤ人の祖先となる。トウモロコシで人間の創造に成功したのは、アメリカ大陸でトウモロコシが便利で貴重な食べ物として神聖視されていたからである。

【引用・参考文献】

『F-Files No.010 図解 北欧神話』『F-Files No.044 図解ケルト神話』以上、池上良太、『Truth In Fantasy11 インド曼陀羅大陸 神々／魔族／半獣／精霊』蔡丈夫、『Truth In Fantasy64 エジプトの神々』『Truth In Fantasy74 オリエントの神々』『Truth In Fantasy85 ケルト神話』以上、池上正太、『Truth In Fantasy69 マヤ・アステカの神々』土方美雄（以上、新紀元社）／『図説古代ギリシア』ジョン・キャンプ、エリザベス・フィッシャー、『埋もれた古代文明の謎』吉村作治（以上、東京書籍）／『いちばんわかりやすい 北欧神話』杉原梨江子、『ギリシア神話知れば知るほど』丹羽隆子監修、『古代エジプトなるほど事典』吉村作治監修、『古代ギリシャのリアル』藤村シシン（以上、実業之日本社）／『インド神話物語百科』マーティン・J・ドハティ、井上廣美訳、『ヴィジュアル版 世界の神話百科―ギリシア・ローマ ケルト 北欧』アーサー・コットレル、松村一男・蔵持不三也・米原まり子訳、『ヴィジュアル版 世界の神話百科 東洋編―エジプトからインド、中国まで』レイチェル・ストーム、前田龍彦監修、山本史郎・山本泰子訳、『ヴィジュアル版ギリシア・ローマ文化誌百科〈上〉』『ヴィジュアル版ギリシア・ローマ文化誌百科〈下〉』ナイジェル・スパイヴィー、マイケル・スクワィア、小林雅夫・松原俊文訳、『ラルース世界の神々・神話百科』フェルナン・コント、蔵持不三也訳、『図説ヴァイキングの歴史』B.アルムグレン、蔵持不三也訳、『図説ヨーロッパ怪物文化誌事典』松平俊久、蔵持不二也監修、『図説世界女神大全Ⅱ』アン・ベアリング、ジュールズ・キャシュフォード、森雅子・藤原達也訳（以上、原書房）／『ギリシア神話 上』『ギリシア神話 下』呉茂一（新潮社）／『エソテリカ事典シリーズ⑤世界の神々の事典』松村一男（学研）／『ギリシア神話の悪女たち』三枝和子（集英社）／『ケルトの神話―女神と英雄と妖怪と』井村君江（筑摩書房）／『ケルト全史』木村正俊（東京堂出版）／『ヒンドゥー神話の神々』立川武蔵（せりか書房）／『マヤ文明―文化の根源としての時間思想と民族の歴史』実松克義（現代書館）／『図説古代エジプト誌古代エジプトの神々』松本弥（弥呂久）／『図説古代マヤ文明』寺崎秀一郎（河出書房新社）／『世界の神話伝説総解説』（自由国民社）／『西洋の故事・名言ものしり辞典』三浦一郎（大和出版）／『伝説の謎』（ナショナルジオグラフィック）／『北欧神話』H.R.エリス・デイヴィッドソン、米原まり子・一井知子訳（青土社）

【主な掲載画像】

p.15ゼウス像（1世紀／ルーヴル美術館（パリ）所蔵）、p.31エピダウロスの円形劇場、p.39キマイラ像（紀元前400年頃／国立考古学博物館（フィレンツェ）所蔵）、p.45デモステネスのヘルマ（グリュプトテーク（ドイツ）所蔵）、p.49右ヴェルサイユのアルテミス像（紀元前330年頃／ルーヴル美術館（パリ）所蔵）、p.53サンドロ・ボッティチェリ『ヴィーナスの誕生』（1485年／ウフィッツィ美術館（フィレンツェ）所蔵）、p.57クノッソス宮殿の壁画、p.79アイスランド語写本『NKS 1867 4to』の挿絵（1760年頃／デンマーク王立図書館（コペンハーゲン）所蔵）、p.93ペーテル・ニコライ・アルボ『ワルキューレ』（1869年／オスロ国立美術館（オスロ）所蔵）、p.101 15世紀のフランス写本に描かれた円卓と聖杯、p.123アーサーとエクスカリバーの描画（1906年）、p.129 p.141ライオンを捕獲したギルガメシュのレリーフ（紀元前8世紀／ルーヴル美術館（パリ）所蔵）、p.135ジョン・コリア『リリス』（1892年／アトキンソン・アート・ギャラリー（ロンドン）所蔵）、p.149トト神（アビドス）、p.157イシス像（大英博物館（ロンドン）所蔵）、p.157ラファエロ・サンツィオ『大公の聖母』（1505年～1506年／パラティーナ美術館（フィレンツェ）所蔵）、p.163センネジェム墓壁画（紀元前12世紀／ルクソール）、p.167ガネーシャ、p.179『ヴィシュヌ』（制作年不詳）、p.179『ブラフマー』（1700年頃）、p.179『シヴァとパールヴァティ』（1800年頃／大英博物館（ロンドン）所蔵）、p.187ラヴィ・ヴァルマ『カーリー』（1906年以前）、p.189エル・カスティーヨ、p.193『コーデックスボルジア』に描かれたテスカトリポカ（16世紀）、p.193ケツァルコアトル（16世紀）、p.197テノチティトランの鳥瞰図、p.201ティワナク遺跡にある太陽の門

本書は、本文庫のために書き下ろされたものです。

「世界の神話」ミステリー

著者　博学面白倶楽部（はくがくおもしろくらぶ）
発行者　押鐘太陽
発行所　株式会社三笠書房
〒102-0072 東京都千代田区飯田橋3-3-1
電話　03-5226-5734（営業部）03-5226-5731（編集部）
https://www.mikasashobo.co.jp
印刷　誠宏印刷
製本　ナショナル製本

 ISBN978-4-8379-3030-3 C0130

王様文庫

時間を忘れるほど面白い「世界の神話」

博学面白倶楽部

すべての物語はここから生まれた！　◇よく聞く「パンドラの箱」とは何か？　◇「英雄ヘラクレス」の何がすごいのか？　◇自分自身に恋してしまった「元祖・ナルシスト」の美少年とは……戦い、恋愛、裏切り、生と死！　こんなにもドラマティックな神話63の名場面！

眠れないほどおもしろい吾妻鏡

板野博行

北条氏が脚色した鎌倉幕府の公式レポート！　◎源頼朝は「後顧の憂い」を絶ったはずだったのに…　◎最強上皇・後鳥羽院が「承久の乱」に負けた理由　◎尼将軍・北条政子は「女スパイ」!?　◎鎌倉殿の十三人――最後に笑ったのは？　超ド級の権力闘争を描いた歴史スペクタクル！

眠れないほど面白い『古事記』

由良弥生

意外な展開の連続で目が離せない！　「大人の神話集」！　◇【天上界vs.地上界】出雲の神々が立てた〝お色気大作戦〟　◇【恐妻家】嫉妬深い妻から逃れようと〝家出した〟神様　◇【日本版シンデレラ】牛飼いに身をやつした皇子たちの成功物語　……読み始めたらもう、やめられない！

K30608

王様文庫

見てきたように面白い「超古代史」

黒戌 仁

「人類創世の神々」とはいったい何者なのか――■原始の地球を支配していたのは「大きな赤い蛇」だった? ■身長40メートルのアダムとイブ■ギリシア神話に登場する半神半人は実在していた!?……人類の起源から来るべき終末の暗示まで、誰もが「新しい歴史の目撃者」となる!

本当は怖い世界史

堀江宏樹

愛憎・欲望・権力・迷信……こうして、歴史は動いてしまう。●処女王・エリザベス1世の夢は、夜遅くひらく ●ガンジーが偉人であり続けるために〝隠していた秘密〟 ●ナポレオンもヒトラーも狂わされた「聖遺物」の真実――人間の本質は、いつの時代も変わらない!

眠れないほどおもしろい世界の三大宗教

並木伸一郎

キリスト教、イスラム教、仏教の「謎と不思議」に迫る本! ◇キリスト教とイスラム教の「神」は本当に同じ? ◇なぜイエスは磔にされたのか ◇「アッラーの言葉」を伝えた天使ジブリール ◇「ブッダの教え」の背景にある秘密とは……「ドラマティックな世界」がそこに!

K30609

世界史ミステリー

博学面白倶楽部

歴史にはこんなに〝裏〟がある。だから、面白い！ ●いったい誰が書いたのか!? マルコ・ポーロの『東方見聞録』 ●タイタニック沈没にまつわる「浮かばれない噂」 ●リンカーン暗殺を指示した〝裏切り者〟とは？ ……浮かび上がる〝謎〟と〝闇〟！

古代文明ミステリー

博学面白倶楽部

知られざる「ドラマ」、失われた「技術」、信じられない「習慣」――世界は謎とロマンにあふれている！ ◎始皇帝陵を守る兵馬俑はなぜすべて東向き？ ◎マヤ文明の運命を決定づけた「終末論」 ◎神の怒りを買って沈められた伝説の島……〝人類の起源〟がここに！

日本史ミステリー

博学面白倶楽部

「あの大事件・人物」の謎、奇跡、伝説――「まさか」があるから、歴史は面白い！ ●最後の勘定奉行に疑惑あり！ 「徳川埋蔵金」のゆくえ ●今なお続く奇習が伝える、平家の落人の秘密 ●あの武将も、あの政略結婚も〝替え玉〟だった……衝撃と驚愕が迫る！

K30610